INDISCH KOCHEN
VEGETARISCH

SUSHILA ISSAR   •   MRINAL KOPECKY

HÄDECKE VERLAG

Wir möchten all denen danken, die uns bei der
Verwirklichung dieses Buches geholfen haben.

ISBN 3–7750–0222–7

© Walter Hädecke Verlag, D-7252 Weil der Stadt, 1991

Fotos:	TS-Studio Gerhard Tröster und Andrea Schmett, Tamm.
	Archiv Kopecky, Ditzingen:
	Seite 18, 36, 43, 47, 58, 62 und 63
Einbandentwurf:	Lothar Hebel nach einem Foto von Edith Gerlach.
Satz:	K. Mierau GmbH, Wuppertal.
Druck:	Neue Stalling, Oldenburg, 1991

INHALT

ÜBER DIE AUTOREN

SUSHILA ISSAR wurde als Tochter indischer Eltern in Mombasa (Kenia) geboren. Nach der Unabhängigkeit Kenias verließ die Familie mit der 11-jährigen Tochter das Land und übersiedelte nach Großbritannien. Im Anschluß an ihre Ausbildung zur pharmazeutisch-technischen Assistentin arbeitete sie in den Apotheken mehrerer Krankenhäuser in Leeds. Mit ihrem Ehemann Ravinder, der aus New Delhi (Indien) stammt, kam sie 1986 mit der Absicht nach Deutschland, ein indisches Restaurant zu eröffnen. Zwei Jahre später gründeten sie ihr Unternehmen in Stuttgart.

Mit Rezepten ihrer Mutter bot sie probeweise vegetarische Menüs in ihrem Lokal an, mit dem Erfolg, daß diese heute fester Bestandteil der Speisekarte sind.

Sushila und Ravinder haben zwei Kinder.

MRINAL KOPECKY wurde in Bombay (Indien) geboren. Nach ihrem Studienabschluß als Bachelor of Arts war sie als Sekretärin tätig. Auf einer Schiffsreise nach England lernte sie 1961 ihren deutschen Mann kennen. Zunächst in London und anschließend in Bonn war sie - bis zu ihrer Heirat 1964 - bei der indischen Botschaft beschäftigt. Seitdem lebt sie mit ihrer Familie, sie hat eine Tochter, in der Nähe von Stuttgart.

In den ersten Jahren stieß sie mit ihrer vegetarischen Lebensweise auf Verwunderung. Daß sich dies geändert hat, bemerkte sie an dem regen Besuch ihrer vegetarischen Kochkurse, die sie seit über 10 Jahren erteilt. Ihre Rezeptesammlung entstand aus alten Familienrezepten, eigenen Rezepten und durch Anregungen, die sie im Zusammenhang mit zahlreichen Reisen aus Indien mitbrachte.

Abkürzungen:

EL	=	Eßlöffel
TL	=	Teelöffel
ml	=	Milliliter
l	=	Liter
g	=	Gramm
Msp	=	Messerspitze

VORWORT

Wir sind immer wieder darauf angesprochen worden, wie man als Vegetarier leben könne, da vegetarische Kost doch so einseitig und langweilig sei. Für uns sind diese Fragen unverständlich, da wir beide aus Indien stammen, einem Land, in dem die vegetarische Küche seit mehreren tausend Jahren ihren festen Platz in der Ernährung hat. Dies hat mehrere Gründe. Die Religion der Hindus beinhaltet den Glauben an die Reinkarnation. Nach dieser Anschauung können die Seele und der Geist eines Menschen in dem Körper eines Tieres wiedergeboren werden. Deshalb lehnen es viele Hindus ab, Lebewesen zu töten. Hinzu kommt, daß für einen Großteil der Bevölkerung aus ökonomischen Gründen Fleisch oder Geflügel unerschwinglich sind.

In dieser langen Zeit hat sich die vegetarische Küche so vervollkommnet, daß sie sich im Wettbewerb mit anderen nationalen Küchen zu Weltniveau entwickelt hat. Ihr Erfolg beruht auf der Ausgewogenheit von Getreiden, Gemüsen, Hülsenfrüchten, Obst, Nüssen und Milchprodukten. Die große Geschmacksvielfalt wird durch die Verwendung sehr unterschiedlicher Gewürze und Gewürzmischungen erreicht. So ist es für uns problemlos, tagtäglich einen abwechslungreichen und ausgewogenen Speiseplan zu erstellen.

Moderne Menschen wenden sich aus verschiedenen Gründen immer mehr der vegetarischen Lebensweise zu. Deshalb möchten wir mit unserem Buch Kochrezepte übermitteln, die Ihnen helfen, Ihre Mahlzeiten wohlschmeckend und variantenreich zuzubereiten. Vielleicht machen die Farbfotos auch Nichtvegetarier neugierig, das eine oder andere Gericht auszuprobieren und in ihren Menüplan aufzunehmen, und so ihre Kost mit vegetarisch-indischen Speisen zu bereichern.

Die übersichtliche "Schritt-für-Schritt-Beschreibung" macht es Ihnen leicht, die Rezepte nachzukochen.

So bleibt uns nur noch, Ihnen einen guten Appetit - *khana rajke khaije* - zu wünschen.

Sushila Issar und Mrinal Kopecky

GEWÜRZE

Wer denkt nicht bei Indien an Curry, jenes braune Pulver, welches der deutschen Küche einen Hauch von Exotik verleihen soll? Dieses "Gewürz" hat in der indischen Küche keinen Platz, denn es ist eine Erfindung der Europäer, die diese Gewürzmischung zu ihren Soßen verwendet haben. Das Wort "Curry" ist die Anglisierung des südindischen Wortes "Kari", welches Soße bedeutet. In der indischen Küche ist die Grundlage eines Gerichtes eine Gewürzmischung, die speziell für diese Speise hergestellt wird und Masala heißt.

Die indische Hausfrau kauft ihre Masalas nicht, sondern bereitet sie selbst zu. Die Gewürzmischungen können entweder geröstet oder mit Kräutern zu Pasten vermengt werden.

Getrocknete Gewürze bewahrt man getrennt, vor Licht und Luft geschützt auf, besonders geeignet sind kleine Schraubdeckelgläser. In der Regel halten sich Gewürze bis zu einem Jahr. Unzerkleinerte Gewürze bewahren ihr Aroma länger als gemahlene, müssen aber teilweise vor Gebrauch im Mörser pulverisiert werden. Frische Kräuter, Peperonis und Ingwerwurzel halten sich im Gemüsefach des Kühlschranks, können aber auch geputzt und zerkleinert eingefroren werden.

Alle von uns verwendeten Zutaten sind in Deutschland erhältlich. Sie finden sie z.B. in Lebensmittelabteilungen der Kaufhäuser, gut sortierten Supermärkten, Feinkostgeschäften, Reformhäusern und in indischen Lebensmittelläden, die zunehmend in den Großstädten zu finden sind. Hier lebende Inder werden Ihnen sicherlich gerne Auskunft geben, wo Sie Ihre Zutaten einkaufen können.

Asafoetida - Hing - Teufelsdreck
Ein getrocknetes Gummiharz eines Doldengewächses (in Stücken oder Pulverform) welches aus einer Staude gewonnen wird, die im Iran, in Afghanistan und in Ostindien vorkommt. Hat einen Zwiebel-Knoblauch Geschmack.

Ajowan - Kretischer Kümmel
Samen einer Pflanze, verwandt dem Kümmel, Geschmack ähnlich wie Thymian. Ajowan hilft bei Verdauungsbeschwerden.

Bockshornklee - Fenugreek - Methi
Samen mit bitterem Geschmack. Auch als Pulver erhältlich.
In Indien wird auch die frische Pflanze zum Würzen verwendet.

Chili - Lal Mirchi
Getrocknete, ausgereifte Chilis

Chilipulver - Pisi Mirchi - Cayennepfeffer
Gemahlene Chilis

Curryblätter - Kadhipatta
Aromatische Blätter eines asiatischen Baumes, frisch oder getrocknet zu verwenden.

Gewürze der indischen Küche:
① Curryblätter, ② frischer Ingwer, ③ frischer Koriander,
④ Fenugreek (Bockshornklee), ⑤ Fenchel,
⑥ Hing (Teufelsdreck), ⑦ Knoblauch,
⑧ Kalonji (Zwiebelsamen), ⑨ Ajowan (Kretischer Kümmel),
⑩ Kardamom, ⑪ Koriander (Samen und gemahlen)
⑫ Chili, ⑬ weißer Mohnsamen und ⑭ Garam Masala.

➡

Vorne links Lorbeerblätter, darüber Safranfäden, daneben Nelken und Senfkörner, oben grüne Chilis, Kurkuma (Gelbwurz), rechts weiße und schwarze Pfefferkörner, Tamarinde, daneben Muskatnüsse und Macis, daneben Kreuzkümmel, Minzblätter, darunter Zimtstangen, daneben Sesamsamen, geschält und rote Chilis.

Fenchelsamen - Sonf

Gelbbraune Samen einer Pflanze aus der Familie der Doldengewächse, schmeckt angenehm süßlich.

Garam Masala

Eine Mischung aus gerösteten zu Pulver vermahlenen Gewürzen (Zubereitung siehe Seite 11).

Ingwer - Adrak

Wurzel einer Schilfpflanze - beim Kauf auf glatte Haut achten!

Kardamom - Elaichi

Grüne, schwarze oder gebleichte Samenkapseln der Kardamompflanze. Samen aus grünen Kapseln ist feiner im Geschmack.

Khas Khas - weiße Mohnsamen

In Indien angebauter Mohn mit cremefarbenen Samen, nussig im Aroma.

Knoblauch - Lasan

Verwendet werden die frischen Knollen (Zehen).

Korianderpulver - Dhania

Gemahlene getrocknete Koriandersamen

Korianderblätter - Hara Dhania - Cilantro

Pflanzen können aus Samen gezogen werden, die Blätter werden zum Würzen und Dekorieren verwendet, wie in Deutschland die Petersilie.

Kümmel, indischer - Jeera - Kreuzkümmel

Nicht zu ersetzen durch deutschen Kümmel, das Aussehen ist ähnlich, im Geschmack (kräftig-scharf) ist er jedoch gänzlich unterschiedlich.

Kurkumapulver - Haldi - Gelbwurz

Gemahlene Wurzelknollen der Gelbwurzel aus der Ingwerfamilie, färbt die Speisen intensiv gelb.

Lorbeerblätter - Tej Patta

Verwendung finden die getrockneten Blätter.

Minze - Pudina

Viele Varianten, nicht durch Pfefferminze zu ersetzen. Wir verwenden die sogenannte Pferdeminze (Mentha longifolia).

Muskatpulver - Pisa Jaiphal

Gemahlene Muskatnuß

Nelken - Laung

Sind die getrockenten Blütenknospen, eines in Südostasien beheimateten, immergrünen tropischen Baumes (Myrtengewächs).

Pfeffer - Kali Mirchi

Grüner Pfeffer sind frische Beeren, schwarzer Pfeffer sind sonnengetrocknete, die noch grün geerntet wurden, und weißer Pfeffer sind reif geerntete Beeren, deren Schale entfernt wird und die dann getrocknet werden. Möglichst frisch gemahlen verwenden.

Peperoni - Hari Mirchi

Frische, rote oder grüne Chilis

Safran - Keshar

Sind die getrockneten Blütennarben einer Krokusart, sie sind als Fäden oder Pulver erhältlich. Safran ist das teuerste Gewürz.

Schwarze Senfkörner - Rai

Nicht zu verwechseln mit den in Deutschland verwendeten gelben Senfkörnern, scharf im Geschmack!

Sesamsamen - Til

Es gibt hellen und schwarzen Sesamsamen, geschält und ungeschält. Wir verwenden die ungeschälten Samen (Reformhaus).

Tamarindenpaste - Imli

Konzentrat aus dem Mark der Tamarindenschoten, wird in Stücken oder als Paste verkauft. Geschmack sauer.

Tandoori Masala

Gewürzmischung, die als Fertigprodukt erhältlich ist.

Zimtstangen - Kaneel - Dalchini

Getrocknete Innenrinde des Zimtbaumes

Zimtpulver - Pisi Dalchini

Gemahlene Zimtstangen

BESONDERE ZUTATEN

Von vorne rechts:
Sooji (Weizengrieß), Basmati-Reis,
dahinter Jaggery (Blockzucker),
frische Kokosnuß,
davor Shevai (Vermicelli),
Atta (Weizenmehl),
rechts milde Papads,
links gewürzte Papads (mit Pfeffer
oder Kümmel oder Knoblauch),
zwischen den Papads:
Besan (Kichererbsenmehl).

Atta
Weizenmehl Typ 1400 (mit 10% Weizenkleie), erhältlich in Indischen Geschäften.

Basmati Reis
Dünnes langes Korn, duftet beim Kochen,
sollte immer vorgeweicht werden.

Besan - Kichererbsenmehl
Gelbbraunes Mehl aus Kichererbsen

Ghee - Butterschmalz
Ghee ist geklärte Butter, die durch längeres
Kochen einen besonderen Nußgeschmack
bekommt (Zubereitung siehe Seite 11).

Goor - Jaggery - Indischer Blockzucker
Rohzucker aus Palmensaft, wird in Blöcken
(aus Indien importiert und in England ab-
gepackt) gehandelt. Ersatzweise kann
dunkler Rohrzucker verwendet werden.

Joghurt
In den Rezepten verwenden wir Johurt mit
3,5% Fett.

Kokosnuss - Nariyal
Beim Kauf darauf achten, daß die Augen an
der Spitze hell und trocken sind. Durch
Schütteln prüfen, ob die Nuß Flüssigkeit
enthält; Nüsse ohne Flüssigkeit können
verdorben sein.

Mit "Kokosnußwasser" wird der klare Inhalt, der unreifen, grünen Früchte (als Er-
frischungsgetränk beliebt) bezeichnet. Die
"Kokosmilch" ist der Auszug aus dem ge-
raspelten, mit heißem Wasser versetzten
Fruchtfleisch.

Papads (Pappadams)
Dünne, getrocknete Fladen aus einem gewürzten Teig, der aus verschiedenen Linsensorten hergestellt wird (Zubereitung siehe Kapitel Chutneys, ab Seite 58).

Pickles
In Öl und Gewürzen eingelegte Früchte
und Gemüse

Shevai - Vermicelli
Sehr dünne Nudeln aus Weizenmehl, werden zu Süßspeisen verwendet.

Sooji - Weizengrieß
Für Süßigkeiten wird fein gemahlener
Grieß benützt.

GRUNDREZEPTE

GARAM MASALA
Gewürzmischung

Zutaten

100	g	Koriander
50	g	indischer Kümmel (Kreuzkümmel)
25	g	schwarze Pfefferkörner
25	g	weiße Pfefferkörner
25	g	Zimtstange
25	g	Nelken
25	g	grüne Kardamomkapseln
25	g	schwarze Kardamomkapseln
5-6		Lorbeerblätter
2	TL	Fenchelsamen
10	g	Muskatpulver

Zubereitung

Den Backofen auf 100 C vorheizen.

Alle Zutaten, ohne Muskatpulver, in einer Bratpfanne gut mischen und dann 30 Minuten im Backofen anrösten. Die Gewürze dürfen nicht braun werden oder anbrennen. Beiseite stellen bis sie kühl sind.

Die abgekühlten, gerösteten Gewürze portionsweise in einer elektrischen Kaffeemühle mahlen.

Muskatpulver dazugeben und alles gut vermischen.

Das Masala-Pulver in einem dicht schließenden Glasgefäß aufbewahren.

Statt weißem Pfeffer kann man auch nur schwarzen Pfeffer nehmen. Geschmacklich ändert sich nichts, nur die Farbe wird etwas dunkler.

GHEE

Vorne Indischer Käse (Paneer), hinten Joghurt und rechts Ghee.

Zutaten

500	g	Süßrahmbutter

Zubereitung

In einem großen schweren Topf, unter ständigem Rühren, die in Stücke geteilte Butter zum Kochen bringen. Sobald sich auf der Oberfläche ein weißer Schaum gebildet hat, die Hitze auf die kleinste Stufe reduzieren, unbedeckt und ohne Rühren 45 Minuten köcheln, bis die Butter (Ghee) klar und der Bodensatz hellbraun ist.

Das Ghee durch ein, mit einem Musselintuch ausgelegtes Sieb in einen Steinguttopf gießen. Darauf achten, daß keine Rückstände in das Ghee gelangen. Im Kühlschrank mehrere Monate haltbar.

VORSPEISEN

Vorspeisen und Suppen sind kein separater Teil einer indischen Mahlzeit, sie werden zusammen mit den anderen Speisen oder als Imbiss serviert, da man keine gegliederte Menüfolge kennt.

Durch den Einfluß des Westens werden in der indischen Mittelschicht mittlerweile Suppen vor den Gemüse- und Reis- bzw. Brotgerichten gereicht. Deshalb haben wir die Gerichte so eingeteilt, wie es in Europa üblich ist.

Natürlich können Sie die Vorspeisen auch als kleine Mahlzeit mit *Raitas* oder *Chutneys* servieren.

MACKKI KA SOUP
Maissuppe

Zutaten für 4 Personen

1	EL	Butter oder Butterschmalz
1		kleine Zwiebel, geschält und fein gehackt
1/2	EL	Mehl
180	g	Mais, püriert
1/2	l	Milch
1/4	TL	Muskatpulver
1		Würfel Gemüsebrühe
3	EL	Sahne

Zum Garnieren

1	EL	frische Korianderblätter, fein gehackt

Zubereitung

Die Butter in einem schweren Topf, auf kleiner Hitze zerlassen. Zwiebel dazugeben und glasig werden lassen.

Mehl zufügen und gut umrühren.

Maispüree, Milch, Muskatpulver und Gemüsebrühwürfel hinzufügen, darunterrühren und bei mittlerer Hitze zum Kochen bringen. Die Hitze reduzieren und 10-15 Minuten köcheln lassen. Den Topf vom Herd nehmen und beiseite stellen.

Die Suppe mit der Sahne legieren, umrühren und abschmecken. Mit Korianderblättern bestreuen und gleich servieren.

TAMATAR SOUP
Tomatensuppe

Zutaten für 4 Personen

1	EL	Butter
1	TL	Mehl
1	l	Tomatensaft, aus frischen Tomaten hergestellt
1 1/2	EL	frischer Ingwer, geputzt und feingerieben
1/2	TL	Salz
1/2	TL	gemahlener Pfeffer
1	TL	Zucker
200	ml	süße Sahne

Zum Garnieren

2	EL	frische Korianderblätter, fein gehackt

Zubereitung

Die Butter in einem Topf zerlassen, Mehl dazugeben und kurz anbräunen.

Tomatensaft, Ingwer, Salz, Pfeffer und Zucker hinzufügen und alles gut umrühren. Auf starker Hitze zum Kochen bringen. Die Hitze reduzieren, halb zugedeckt ca. 10 Minuten köcheln lassen.

Kurz vor dem Servieren Sahne unterrühren und mit Korianderblättern garnieren.

◀ Tomatensuppe (links) und Maissuppe (rechts), Rezepte siehe oben

BATATA VADA
Kartoffelbällchen

Zutaten für 4 Personen

500	g	Kartoffeln
1	EL	Kokosraspel
1	EL	Milch
3/4	TL	Chilipulver
2	TL	frische Korianderblätter, fein gehackt
1	TL	Salz
1/2	TL	Kurkumapulver
2	TL	Zitronensaft
		Pflanzenöl zum Fritieren

TEIG

125	g	Besan (Kichererbsenmehl), gesiebt
1/2	TL	Salz
1	Msp	Chilipulver
ca. 175 ml Wasser		

Zubereitung

Die Kartoffeln mit der Schale kochen, schälen und durch die Kartoffelpresse drücken.

Die Kokosraspel in eine kleine Tasse geben, die Milch darübergießen und einweichen.

Kartoffeln, Chilipulver, Korianderblätter, Salz, Kurkumapulver, Zitronensaft und Kokosraspel mitsamt der Einweichmilch in eine große Schüssel geben und gut vermengen.

Von der Kartoffelmasse walnußgroße Bällchen formen, und beiseite stellen.

In einer anderen Schüssel Besan, Salz und Chilipulver gut vermischen. Wasser dazugießen und zu einem glatten Teig verrühren. (Der Teig sollte etwas dicker als Pfannkuchenteig sein.)

Ca. 3/4 l Öl in einem *Karhai** oder Fritiertopf erhitzen.

Die Bällchen einzeln in den Teig eintauchen, mit einem Löffel herausnehmen und direkt in das heiße Öl gleiten lassen. Mit einen Schaumlöffel tief in das Öl tauchen und fritieren bis sie rundum goldbraun sind. Herausnehmen und auf Küchenkrepp abtropfen lassen.

Heiß mit Nariyal Chatni, Seite 59, servieren

*KARHAI

Der in den Rezepten erwähnte Karhai ist ein indischer Fritiertopf. Weil er wie eine Halbkugel geformt ist, benötigt man zum Fritieren nur kleine Mengen Öl.

MATTAR KACHORI
Erbsen-Patties

Zutaten für 6 Personen

300	g	tiefgefrorener Blätterteig
1-2	EL	Pflanzenöl
1	TL	indischer Kümmel
300	g	tiefgefrorene Erbsen
1		grüne Peperoni, fein gehackt
1/2	TL	frischer Ingwer, geputzt und gerieben
1	EL	Korianderpulver
1	EL	Kokosraspel
1/2	TL	Kurkumapulver
		Saft von einer Zitrone
1/2	TL	Salz
2	EL	frische Korianderblätter, fein gehackt

Zubereitung

Blätterteig nach Anleitung auftauen lassen.

In einer Pfanne das Öl heiß werden lassen, Kümmel dazugeben und eine 1/2 Minute anrösten.

Erbsen, Peperoni, Ingwer, Korianderpulver, Kokosraspel, Kurkumapulver, Zitronensaft und Salz zufügen. Alles gut umrühren, auf kleiner Hitze zugedeckt köcheln lassen bis die Erbsen weich sind. Bitte aufpassen, daß nichts anbrennt.

Korianderblätter darüberstreuen und abkühlen lassen. Den Backofen auf 180 °C vorheizen.

Die Blätterteigstücke wieder aufeinander legen und in zwei Quadrate schneiden. Die erste Portion auf einer bemehlten Arbeitsfläche zu einem ca. 35 x 35 cm großen Stück ausrollen und mit dem Messer in 9 gleich große Quadrate teilen. Die Füllung löffelweise in die Mitte der Quadrate geben, die Ränder mit Wasser bepinseln. Jedes Quadrat zu einem Dreieck zusammenklappen und die Ränder festdrücken. Auf ein mit Backpapier ausgelegtes Blech legen und die Oberfläche mit Wasser bepinseln. Den Vorgang mit der zweiten Portion wiederholen. Bei 180 °C 20-25 Minuten backen bis die *Kachoris* goldbraun sind.

Warm mit Chutney oder Joghurt servieren.

VEGETABLE TIKKA
Gemüsekoteletts

Zutaten für 4 Personen

400	g	gekochte Kartoffeln, fein geschnitten
200	g	gekochte Karotten, fein geschnitten
100	g	gekochte Bohnen, fein geschnitten
50	g	gekochte Erbsen
1		Zwiebel, geschält, fein gehackt
1	TL	frischer Ingwer, geputzt und gerieben
1		grüne Peperoni, fein gehackt
1-2		zerdrückte Knoblauchzehen
1	EL	frische Korianderblätter, fein gehackt
1	TL	Salz
1	TL	gemahlener Pfeffer
1/2	TL	Korianderpulver
70	g	Besan (Kichererbsenmehl), gesiebt
ca. 3 EL		Weizenmehl zum Wenden
		Pflanzenöl zum Braten

Zubereitung

Das Gemüse mit den Gewürzen in eine Schüssel geben und alles gut vermischen.

Besan darüberstreuen und unter die Masse kneten.

Aus der Masse 12 gleich große Kugeln formen. Mit der Hand flach drücken, in Weizenmehl wenden und auf eine Platte legen.

Das Öl in einer Pfanne sehr heiß werden lassen, die *Tikkas* hineingeben und von beiden Seiten goldbraun braten.

Heiß mit Joghurt oder Chutney servieren.

SOOVA KA PAKORAS
Dill-und-Zucchini-Fritters

Zutaten für 4 Personen

1		Bund frischer Dill, fein gehackt
1		mittelgroße Zucchini, geschält und fein geraspelt
1/4	TL	Kurkumapulver
1		grüne Peperoni, fein gehackt
1	TL	Korianderpulver
3/4	TL	Salz
2	EL	Pflanzenöl
2	EL	Weizenkleie
1		Prise Natron
150	g	Besan (Kichererbsenmehl), gesiebt
		Pflanzenöl zum Fritieren

Zubereitung

In einer tiefen Schüssel Dill und Zucchini gut vermengen.

Kurkumapulver, Peperoni, Korianderpulver, Salz, Öl, Weizenkleie, Natron und Besan zufügen, mit einem Löffel durchmischen, bis ein glatter Teig entsteht.

Ca. 3/4 l Öl in einem *Karhai* (s. Seite 14) oder Fritiertopf erhitzen.

Je 1 Teelöffel Teig für die einzelnen *Pakoras* abstechen und mit einem zweiten Löffel direkt in das heiße Öl schieben und fritieren, bis sie rundum goldbraun sind. Mit dem Schaumlöffel aus dem Öl heben und zum Abtropfen auf Küchenkrepp legen.

Heiß mit einem Chutney servieren.

Gemüseverkäufer im Nordwesten Indiens

GEMÜSE

"Was koche ich heute?", fragt sich auch die indische Hausfrau. Ihre Entscheidung wird durch das Angebot der Händler bestimmt. Hier in Europa finden Sie inzwischen alle Gemüse, die Sie benötigen, im Supermarkt.

Die verschiedenen *Masalas,* d.h. die speziellen Gewürzmischungen für die Gemü-segerichte, bringen einen Geschmacksreichtum, der auch unserem Alltagsgemüse, der Kartoffel, ein Krönchen aufsetzt.

Die Gemüsegerichte kann man entweder nur mit Reis oder Brot, aber auch mit beidem gemeinsam servieren.

ALOO BAIGAN KI SABZI
Kartoffel-Auberginen-Gemüse

Zutaten für 4 Personen

2-3	EL	Kokosraspel
3	EL	Pflanzenöl
1	TL	indischer Kümmel
3		Zwiebeln, geschält und in Streifen geschnitten
1/2	TL	Kurkumapulver
1		grüne Peperoni, fein gehackt
2	EL	Korianderpulver
3-4		Kartoffeln, geschält und gewürfelt
1		Prise Zucker
1	TL	Salz
400	ml	Tomatensaft
500	g	Auberginen, ungeschält in 3cm große Würfel geschnitten

Zum Garnieren

2	EL	frische Korianderblätter, fein gehackt

Zubereitung

In einer kleinen Pfanne die Kokosraspel ohne Fett goldbraun anrösten und dann beiseite stellen.

Das Öl in einem Topf heiß werden lassen, Kümmel dazugeben und ca. eine 1/2 Minute anbraten. Zwiebeln hinzufügen und goldbraun anrösten.

Kokosraspel, Kurkumapulver, Peperoni und Korianderpulver zugeben, unter Rühren kurz anbraten. Kartoffeln, Zucker und Salz zufügen, gut umrühren. Danach den Tomatensaft zugießen und zum Kochen bringen.

Auberginen hineingeben, gut durchrühren und das Gericht in ca. 15-20 Minuten, auf niedriger Hitze (zugedeckt), gar werden lassen.

Kurz vor dem Servieren mit Korianderblättern garnieren.

BHARTHA
Auberginengemüse

Zutaten für 4 Personen

2		(ca. 600 g) Auberginen
5	EL	Pflanzenöl
3-4		(ca. 500 g) Zwiebeln, geschält und fein gehackt
1	EL	frischer Ingwer, geputzt und gerieben
4		Tomaten*, fein gehackt
1/2	TL	Kurkumapulver
1/2	TL	Chilipulver
1	TL	Salz
1/2	TL	Korianderpulver
1/2	TL	Garam Masala, Rezept Seite 11

Zum Garnieren

2	EL	frische Korianderblätter, fein gehackt
2	cm	frischer Ingwer, geputzt und in Streifen geschnitten

Zubereitung

Den Backofen auf 180 °C vorheizen. Auberginen waschen und in Alufolie einwickeln, auf ein Backblech legen und ca. 70 Minuten backen, bis sie weich sind.

Aus dem Backofen herausnehmen, die Alufolie öffnen und die Auberginen abkühlen lassen. Wenn man sie anfassen kann, schälen, das Innere fein hacken und beiseite legen.

Das Öl in einer Pfanne erhitzen, Zwiebeln dazugeben und goldbraun anbraten. Ingwer zufügen und ca. eine 1/2 Minute weiterbraten.

Die Tomaten zugeben, umrühren und zugedeckt auf niedriger Hitze ca. 5 Minuten köcheln lassen. Bitte aufpassen, daß nichts anbrennt.

Auberginen, Kurkumapulver, Chilipulver und Salz hinzufügen, umrühren, zugedeckt bei kleiner Hitze 10-15 Minuten weiter köcheln lassen.

Korianderpulver und Garam Masala einrühren, mit Korianderblättern und Ingwer garnieren und heiß servieren.

*Tip

Die Gemüse- und Reisgerichte schmecken feiner, wenn Sie:

– vollreife Tomaten verwenden

– die Tomaten schälen und entkernen

– und dann erst zerkleinern.

PALAK PANEER
Spinat mit indischem Käse

Zutaten für 4-6 Personen

2	l	Milch
6	EL	Zitronensaft oder Essig
4	EL	Pflanzenöl
200	g	Zwiebeln, geschält und fein geschnitten
1	TL	indischer Kümmel
3-4		Tomaten, fein gehackt
1/2	TL	Chilipulver
1/2	TL	Kurkumapulver
1 1/4	TL	Salz
300	g	tiefgefrorener Blattspinat, fein gehackt
50	ml	Sahne
1/2	TL	Korianderpulver
1/2	TL	Garam Masala, Rezept Seite 11

Zum Garnieren

2	cm	frischer Ingwer, geputzt und in Streifen geschnitten
1		Tomate, in Streifen geschnitten

Zubereitung

Die Milch in einem schweren Topf bei großer Hitze zum Kochen bringen. Den Zitronensaft oder Essig einrühren. Die Milch wird gerinnen. Sollte dies nicht sofort passieren, noch etwas mehr Zitronensaft oder Essig zufügen und wieder zum Kochen bringen. Wenn die Milch geronnen ist, den Topf vom Herd nehmen. Den Inhalt in ein mit einem Musselintuch ausgelegtes Sieb schütten und 2-3 Minuten abtropfen lassen. Das Tuch mit dem Quark zubinden, aus dem Sieb nehmen, dann auf einen flachen Teller legen und mit einem mit Wasser gefüllten Topf ca. 2 Stunden beschweren.

Den *Paneer* herausnehmen und in 2 cm große Würfel schneiden.

Das Öl in einer Pfanne heiß werden lassen. Die Zwiebeln und Kümmel dazugeben und goldbraun anbraten. Tomaten zufügen, umrühren und zugedeckt ca. 5 Minuten kochen. Bitte aufpassen, daß nichts anbrennt.

Mit Chilipulver, Kurkumapulver und Salz würzen. Spinat, Paneerstücke und Sahne zufügen, vorsichtig rühren, so daß die Paneerstücke ganz bleiben. Zugedeckt bei niedriger Hitze ca. 10-15 Minuten köcheln lassen.

Zuletzt Korianderpulver und Garam Masala unterrühren, mit Tomaten und Ingwer garnieren. Heiß servieren.

BHINDI KI SABZI
Baby Okras

Zutaten für 4 Personen

500 g		Bhindi (Baby Okras)
1		große Zwiebel
3	EL	Pflanzenöl
1	TL	indischer Kümmel
1	TL	frischer Ingwer, geputzt und fein gehackt
1		grüne Peperoni, fein geschnitten
1/2	TL	Kurkumapulver
1	TL	Salz
1	TL	Zitronensaft

Zum Garnieren

		Geachtelte Tomaten
2	EL	Kokosraspel

Zubereitung

Baby Okras gut waschen und auf Küchenkrepp abtrocknen. Stiele und Spitzen abschneiden und die Schoten längs halbieren.

Zwiebel schälen und in Streifen schneiden.

In einer Pfanne das Öl heiß werden lassen, Kümmel, Ingwer und Peperoni dazugeben und ca. eine Minute anrösten.

Die Zwiebeln zufügen und glasig werden lassen.

Baby Okras, Kurkumapulver, Salz und Zitronensaft zufügen und alles gut umrühren. Auf kleiner Hitze zugedeckt dünsten.

Kurz vor dem Servieren mit Tomaten und Kokosrapel garnieren.

TIP

Für dieses Gericht sollten Sie nur kleine, zarte Okras verwenden. Junge Schoten sind knackig frisch. Ausgewachsene Schoten sind oft holzig.

PALAK ALOO MATTAR
Spinat mit
Kartoffeln und Erbsen

Zutaten für 4-6 Personen

4	EL	Pflanzenöl
200	g	Zwiebeln, geschält und fein geschnitten
1	TL	indischer Kümmel
4-5		(ca.200 g) Kartoffeln, geschält und in 1 1/2 cm große Würfel geschnitten
100	g	tiefgefrorene Erbsen
4	EL	Wasser
1/2	TL	Kurkumapulver
1 1/4	TL	Salz
1 1/2		grüne Peperoni, fein gehackt
1	TL	frischer Ingwer, geputzt und gehackt
300	g	tiefgefrorener Blattspinat (fein gehackt)
1/2	TL	Garam Masala, Rezept Seite 11

Zubereitung

Das Öl in einer Pfanne heiß werden lassen. Die Zwiebeln und den Kümmel dazugeben und goldbraun anbraten.

Kartoffeln, Erbsen und Wasser zufügen und alles gut umrühren. Kurkumapulver, Salz, Peperoni und Ingwer hineingeben, umrühren und zugedeckt, auf niedriger Hitze, 10-15 Minuten köcheln lassen. Bitte aufpassen, daß nichts anbrennt.

Spinat zugeben, gut umrühren, zudecken und ca. 5 Minuten sanft weiterkochen bis die Kartoffeln gar sind.

Mit Garam Masala bestreuen und heiß servieren.

PHOOL GOBI KI SABZI
Blumenkohlgemüse

Zutaten für 4 Personen

1		mittelgroßer Blumenkohl
2		große Kartoffeln
3	EL	Pflanzenöl
1		Zwiebel, geschält und fein gehackt
1	TL	indischer Kümmel
1-2	EL	Kokosraspel
3	cm	frischer Ingwer, geputzt und fein gehackt
1		grüne Peperoni, fein geschnitten
2-3		Tomaten, geschält und in Stückchen geschnitten
1/2	TL	Kurkumapulver
1 1/4	TL	Salz
3-4	EL	Wasser
1	EL	Zitronensaft
1	EL	Korianderpulver

Zubereitung

Blumenkohl zerteilen und waschen.

Kartoffeln schälen und in kleine Würfel schneiden.

Das Öl in einer Pfanne erhitzen, Zwiebeln darin glasig werden lassen. Kümmel und Kokosraspel dazugeben und kurz anbraten.

Ingwer, Peperoni, Tomaten, Kurkumapulver, Salz und Kartoffeln zufügen, umrühren und zugedeckt, bei niedriger Hitze, ca. 5 Minuten köcheln lassen. Falls erforderlich, etwas Wasser angießen.

Den Blumenkohl zugeben, alles gut umrühren und auf kleiner Hitze (zugedeckt), in ca. 15-20 Minuten, garen.

Mit Zitronensaft beträufeln und mit Korianderpulver bestreuen und heiß servieren.

TANDOORI MASALA MATTAR
Erbsen mit Tandoori Masala

Zutaten für 4 Personen

3	EL	Ghee, Rezept Seite 11, oder Butterschmalz
1	TL	indischer Kümmel
3		Kartoffeln geschält und in kleine Würfel geschnitten
1/2	TL	Kurkumapulver
1	TL	Salz
1	EL	Tandoori Masala (Fertigprodukt)
4-6	EL	Wasser
300	g	tiefgefrorene Erbsen
100	ml	Sahne

Zum Garnieren

2	EL	frische Korianderblätter, fein gehackt

Zubereitung

Ghee oder Butterschmalz in einem Topf heiß werden lassen. Kümmel dazugeben und eine 1/2 Minute anrösten.

Kartoffeln, Kurkumapulver, Salz, *Tandoori Masala* und Wasser hineingeben, umrühren und zugedeckt, auf niedriger Hitze, ca. 5 Minuten köcheln lassen.

Die Erbsen und die Sahne zufügen und weiter, auf kleiner Hitze (zugedeckt), in 15-20 Minuten gar werden lassen. Evtl. 1-2 Eßlöffel Wasser nachgießen.

Mit Korianderblättern garnieren und heiß servieren.

ALOO PHALIYAN
Kartoffel-Bohnen-Gemüse

Zutaten für 4 Personen

2	EL	Pflanzenöl
1/2	TL	Ajowan, siehe Seite 6
1/2	TL	Sesamsamen
1/2	TL	Kurkumapulver
1/2	TL	Chilipulver
1	TL	Salz
2	TL	Zitronensaft
3		Tomaten, fein geschnitten
3		Kartoffeln, geschält und in kleine Würfel geschnitten
4-6	EL	Wasser
300	g	tiefgefrorene Bohnen, in Stücke geschnitten
1	TL	Korianderpulver

Zum Garnieren

2	EL	Kokosraspel

Zubereitung

Das Öl in einer Pfanne heiß werden lassen, *Ajowan* und Sesam dazugeben und kurz anrösten.

Kurkumapulver, Chilipulver, Salz, Zitronensaft, Tomaten und Kartoffeln zugeben und alles gut umrühren. Das Wasser zugießen und auf kleiner Hitze, zugedeckt, ca. 5 Minuten dünsten.

Bohnen hineinschütten, gut umrühren und zugedeckt, in ca. 20 Minuten, gar werden lassen.

Korianderpulver darüberstreuen, mit Kokosraspel garnieren und heiß servieren.

ALOO MASALA
Kartoffel-Gemüse

Zutaten für 4 Personen

500 g		feste Kartoffeln, mit der Schale gekocht
4-6	EL	Pflanzenöl
1	EL	schwarze Senfkörner
1		Zwiebel, geschält und in Streifen geschnitten
4		Curryblätter, siehe Seite 6
2		grüne Peperoni, fein geschnitten
1/2	TL	Kurkumapulver
1	TL	indisches Kümmelpulver
1/2	TL	Salz
2	EL	frische Korianderblätter, fein gehackt
2	EL	Kokosflocken
		Saft von einer 1/2 Zitrone

Zubereitung

Die Kartoffeln schälen, in Scheiben schneiden und beiseite legen.

Das Öl in einer Pfanne erhitzen und die Senfkörner darin anrösten, bis sie anfangen zu platzen. Die Zwiebeln hineingeben und goldbraun anbraten.

Curryblätter, Peperoni, Kurkumapulver, Kümmelpulver und Salz dazugeben, umrühren und kurz anbraten.

Die Kartoffeln zufügen, alles gut mischen und ca. 10 Minuten weiterbraten.

Korianderblätter und Kokosflocken darüberstreuen, mit Zitronensaft abschmecken. Heiß servieren.

BUND GOBHI
ALOO MATTAR
Weißkohl
mit Kartoffeln
und Erbsen

Zutaten für 6 Personen

350	g	Weißkohl, fein geschnitten
200	g	Kartoffeln, geschält und in 1 1/2cm große Würfel geschnitten
150	g	tiefgefrorene Erbsen
1	TL	Salz
2	EL	Essig
4	EL	Pflanzenöl
1/4	TL	Bockshornklee, siehe Seite 6
1/2	TL	indischer Kümmel
1/4	TL	Kurkumapulver
1/2	TL	Chilipulver
3/4	TL	Salz
1	TL	Korianderpulver
1/2	TL	Garam Masala, Rezept Seite 11

Zum Garnieren

1	EL	frische Korianderblätter, fein gehackt

Zubereitung

Weißkohl, Kartoffeln und Erbsen in einer Schüssel vermengen. Salz und Essig dazugeben, mit der Hand gut vermischen und ca. 10 Minuten marinieren.

Dann in ein großes Sieb geben, unter kaltem fließenden Wasser gut waschen und abtropfen lassen.

Das Öl in einer Pfanne erhitzen; Bockshornklee und Kümmel darin eine 1/2 Minute anrösten.

Weißkohl-Mischung hineinschütten, Kurkumapulver, Chilipulver und den 3/4 Teelöffel Salz zugeben und umrühren. Zugedeckt, bei schwacher Hitze, in ca. 20 Minuten gar werden lassen. Aufpassen, daß nichts anbrennt.

Korianderpulver und *Garam Masala* einrühren, mit Korianderblättern garnieren und heiß servieren.

HÜLSENFRÜCHTE

Hülsenfrüchte spielen in der indischen Küche eine wichtige Rolle. Sie sind Ersatz für Gemüse, die zur Zeit des Monsuns spärlich auf den Markt kommen. Außerdem sind die Hülsenfrüchte ein wichtiger Proteinlieferant in der Ernährung der Vegetarier.

Im Gegensatz zu den ungeschälten, ganzen Hülsenfrüchten werden die geschälten schneller gar, verlieren jedoch ihre Form beim Kochen und werden musig. Die geschälten, gespaltenen Hülsenfrüchte werden mit dem Zusatz "Dal" bezeichnet.

Hülsenfrüchte, im Uhrzeigersinn oben links beginnend:

Urad = schwarze Mungobohne, Mung Dal = grüne Mungobohne, gespalten, evtl. enthülst
Moth = Brown Beans = bräunlich-grüne Verwandte der Mungobohne, Kabli Chana = Chick Peas = Kichererbse, ganz
Chori = Red Chori = kleine, rote Hülsenfrucht, Urad Dal = schwarze Mungobohne, enthülst, gespalten
Kabli Chana = Yellow Gram = Kichererbse, ganz, rot-braun, Vaal = "Vaal" Bohne
Toor Dal = "Toor", enthülst, gespalten, Chora = Black-Eye Beans = schwarzäugige Bohne
Mung = grüne Mungobohne, Vaal Dal = "Vaal" Bohne, enthülst, gespalten
Toor = Pigeon Peas = kleine mattgelbe Hülsenfrucht, Rajma = Rote Kidney Bohnen = Feuerbohne
Chana Dal = Kichererbse, rot-braun, enthülst, gespalten

CHANA DAL ZUCCHINI
Kichererbsen mit Zucchini

Zutaten für 6 Personen

200	g	Chana Dal, siehe Seite 29
50	ml	Pflanzenöl
1/2	TL	schwarze Senfkörner
2-3		getrocknete rote Chilis
1	Msp	Asafoetida, siehe Seite 6
3		Tomaten, fein gehackt
1	TL	Tomatenpüree
100	g	Zucchini, geschält und geraspelt
1/2	TL	Chilipulver
1/2	TL	Kurkumapulver
1	TL	Salz
300	ml	Wasser
1/2	TL	Garam Masala, Rezept Seite 11
1/2	TL	Korianderpulver

Zum Garnieren

2	EL	frische Korianderblätter, fein gehackt

Zubereitung

Dal in einem großen Sieb unter kaltem fließenden Wasser waschen, bis das ablaufende Wasser klar bleibt. In eine Schüssel geben und soviel heißes Wasser angießen, daß die Kichererbsen mit 4-5 cm Wasser bedeckt sind. Über Nacht einweichen.

Das Dal in einem Sieb abtropfen lassen.

In einer tiefen, schweren Pfanne das Öl heißwerden lassen. Senfkörner und getrocknete rote Chilies dazugeben und anrösten bis die Körner anfangen, zu platzen. *Asafoetida* zufügen und kurz anrösten.

Dann die Tomaten, Tomatenpüree und geraspelte Zucchini zugeben, umrühren und zugedeckt, auf niedriger Hitze ca. 5 Minuten köcheln lassen. Gut aufpassen, daß nichts anbrennt.

Chilipulver, Kurkumapulver, Salz und *Dal* dazugeben und umrühren. Das Wasser zugießen und auf starker Hitze zum Kochen bringen. Dann die Hitze reduzieren, halb zugedeckt 20-30 Minuten köcheln lassen, bis das *Dal* weich ist. Die Feuchtigkeit muß dann verdampft sein.

Garam Masala und Korianderpulver einrühren und mit Korianderblättern garnieren. Heiß servieren.

RAJMA
Rote-Kidney-Bohnen-Curry

Zutaten für 4 Personen

200	g	Rajma (Rote Kidney Bohnen)
1	l	Wasser
50	ml	Pflanzenöl
1		Zimtstange, in 3-4 Stücke gebrochen
2		Zwiebeln, geschält und fein gehackt
4		Tomaten, fein gehackt
1 1/2	TL	frischer Ingwer, geputzt und gerieben
1/2	TL	Chilipulver
1/2	TL	Kurkumapulver
1 1/4	TL	Salz
1	TL	Korianderpulver
1/2	TL	Garam Masala, Rezept Seite 11

Zum Garnieren

2	cm	frischer Ingwer, geputzt und in Streifen geschnitten
2	EL	frische Korianderblätter, fein gehackt

Zubereitung

Rajma in einem großen Sieb unter warmem Wasser waschen, bis das ablaufende Wasser klar bleibt. In eine Schüssel geben und soviel heißes Wasser angießen, daß es mit 4-5 cm Wasser bedeckt ist. Über Nacht einweichen.

Das *Rajma* in einem Sieb abtropfen lassen.

In einem schweren Topf *Dal* mit einem Liter Wasser auf starker Hitze zum Kochen bringen. Dann die Hitze reduzieren und halb zugedeckt ca. 1 Stunde köcheln lassen, bis das *Dal* weich ist. Vom Herd nehmen und beiseite stellen.

In einem anderen Topf das Öl heiß werden lassen, die Zimtstange dazugeben und eine 1/2 Minute anrösten.

Zwiebeln zufügen und anbraten, bis sie goldbraun sind.

Tomaten und Ingwer zugeben, umrühren und zugedeckt auf niedriger Hitze ca. 5 Minuten schmoren lassen. Gut aufpassen, damit nichts anbrennt.

Chilipulver, Kurkumapulver und Salz zufügen, umrühren und noch 1 Minute weiter schmoren.

Das gekochte *Rajma* mit seiner Flüssigkeit dazugießen und halb zugedeckt, auf kleiner Hitze 10-15 Minuten köcheln lassen.

Korianderpulver, *Garam Masala* einrühren, mit Korianderblättern und Ingwer garnieren und heiß servieren.

VAAL NI DAL DAKHOO
Vaal-Dal-Soße

Zutaten für 4 Personen

100 g		Vaal Dal, siehe Seite 29
1 1/4 l		Wasser
3		Tomaten, fein geschnitten
1	TL	Fenchelsamen
1	TL	Salz
1	TL	Zucker
1/2	TL	Kurkumapulver
1/2	TL	Chilipulver
		Saft von einer 1/2 Zitrone
2	EL	Pflanzenöl
1/8	TL	indischer Kümmel
1/8	TL	schwarze Senfkörner
1/8	TL	Bockshornklee
1	Msp	Asafoetida, siehe Seite 6

Zum Garnieren

1	EL	frische Korianderblätter, fein gehackt

Zubereitung

Dal in einem großen Sieb unter fließendem kalten Wasser waschen, bis das ablaufende Wasser klar bleibt. In eine Schüssel geben und soviel heißes Wasser angießen, bis es mit 4-5 cm Wasser bedeckt ist, und über Nacht einweichen.

Das *Vaal Dal* in einem Sieb abtropfen lassen.

In einem schweren Topf *Dal* und 1 1/4 Liter Wasser auf starker Hitze zum Kochen bringen. Dann die Hitze reduzieren und halb zugedeckt ca. 1 Stunde köcheln lassen, bis das Dal weich ist.

Die Tomaten zufügen und ca. 5 Minuten weiterköcheln. Vom Herd nehmen und abkühlen lassen. Die *Vaal-Dal*-Mischung in den Mixer der Küchenmaschine gießen, Fenchelsamen, Salz, Zucker, Kurkumapulver, Chilipulver und Zitronensaft dazugeben und alles gut pürieren.

In einem anderen Topf das Öl heiß werden lassen, Kümmel, Senfkörner und Bockshornklee zufügen, anrösten, bis die Körner zu platzen beginnen. *Asafoetida* dazugeben und kurz anbräunen.

Die *Dal*-Mischung dazugießen und auf starker Hitze zum Kochen bringen. Das Ganze muß unter ständigem Rühren weitere 1-2 Minuten köcheln. Den Topfinhalt in eine Schüssel füllen und mit Korianderblättern garnieren und heiß zu *Sada Chawal*, Rezept Seite 42, servieren.

GUJRATHI TOOR DAL
Linsensoße

Zutaten für 4 Personen

100 g		Toor Dal, siehe Seite 29
1	l	Wasser
3-4		Tomaten, fein gehackt
1	TL	Salz
2	TL	brauner Zucker
1/2	TL	Chilipulver
1/4	TL	Kurkumapulver
1	TL	Tomatenpüree
1	TL	Korianderpulver
		Saft von einer 1/2 Zitrone
2	EL	Pflanzenöl
1/8	TL	indischer Kümmel
1/8	TL	schwarze Senfkörner
2		getrocknete rote Chilis
1/8	TL	Bockshornklee
1	Msp	Asafoetida, siehe Seite 6
3-4		Curryblätter, siehe Seite 6

Zum Garnieren

2	EL	frische Korianderblätter, fein gehackt

Linsensoße (oben), Seite 32, Vaal-Dal-Soße (Mitte), Seite 32, Joghurtsoße (rechts), Seite 42

Zubereitung

Dal in ein großes Sieb geben und unter fließendem kalten Wasser waschen, bis das ablaufende Wasser klar bleibt.

In einem großen schweren Topf *Dal* und Wasser bei starker Hitze zum Kochen bringen. Die Temperatur reduzieren, den Topf halb zudecken und das *Dal* ca. 30 Minuten köcheln lassen, bis es weich ist.

Tomaten zufügen und ca. 5 Minuten weiter köcheln lassen. Vom Herd nehmen und abkühlen lassen. Dal-Mischung in den Mixer der Küchenmaschine geben und pürieren. Salz, Zucker, Chilipulver, Kurkumapulver, Tomatenpüree, Korianderpulver und Zi-tronensaft dazugeben und alles gut umrühren.

In einem anderen Topf das Öl heiß werden lassen, Kümmel, Senfkörner, getrocknete rote Chilies und Bockshornklee zufügen, anrösten, bis die Körner zu platzen beginnen. *Asafoetida* und Curryblätter dazugeben und kurz anbräunen.

Dal-Mischung dazugießen und auf starker Hitze zum Kochen bringen. Das Ganze muß unter ständigem Rühren weitere 1-2 Minuten kochen. Den Topfinhalt in eine Schüssel füllen, mit Korianderblättern garnieren und heiß zu *Sada Chawal*, Rezept Seite 42, servieren.

MOONG KI DAL
Gelbe-Linsen-Curry

Zubereitung

Dal in ein großes Sieb geben und mit kaltem Wasser solange waschen, bis das ablaufende Wasser klar bleibt.

In einem großen Topf Wasser und *Dal* zum Kochen bringen, die Hitze reduzieren, halb zugedeckt ca. 20 Minuten köcheln lassen, bis das *Dal* weich ist.

In einem anderen Topf *Ghee* oder Butterschmalz heiß werden lassen, Kümmel und Zimt dazugeben und eine 1/2 Minute anrösten.

Zwiebeln hineingeben und goldbraun anbraten.

Tomaten, Peperoni, Ingwer, Knoblauch, Salz und Kurkumapulver hinzufügen - alles gut umrühren - und zugedeckt ca. 5 Minuten anbraten. Bitte aufpassen, damit nichts anbrennt.

Das gekochte *Dal* mit seiner Flüssigkeit zugießen, gut umrühren und 3-5 Minuten weiterkochen.

Garam Masala einrühren, mit Korianderblättern garnieren und heiß servieren.

Zutaten für 4 Personen

150	g	Moong Dal, siehe Seite 29
500	ml	Wasser
50	g	Ghee, Rezept Seite 11, oder Butterschmalz
1	TL	indischer Kümmel
1		Zimtstange, in 3-4 Stücke gebrochen
1		Zwiebel, geschält und fein geschnitten
2		Tomaten, fein geschnitten
1		grüne Peperoni, fein gehackt
1/2	TL	frischer Ingwer, geputzt und gerieben
1/2		Knoblauchzehe, geschält und zerdrückt
1/2	TL	Salz
1/4	TL	Kurkumapulver
1/2	TL	Garam Masala, Rezept Seite 11

Zum Garnieren

2	EL	frische Korianderblätter, fein gehackt

KABLI CHANA
Kichererbsen-Curry

Zutaten für 4 Personen

200	g	Kabli Chana (Kichererbsen)
1	l	Wasser
50	ml	Pflanzenöl
1		Zimtstange, in 3-4 Stücke gebrochen
3-4		Kardamomkapseln
2		Zwiebeln, geschält und fein gehackt
4-5		Tomaten, fein geschnitten
1 1/2	TL	frischer Ingwer, geputzt und gerieben
1/2	TL	Chilipulver
1/2	TL	Kurkumapulver
1 1/4	TL	Salz
1	TL	Korianderpulver
1/2	TL	Garam Masala, Rezept Seite 11

Zum Garnieren

2	EL	frische Korianderblätter, fein gehackt
2	cm	frischer Ingwer, geputzt und in Streifen geschnitten

Zubereitung

Chanas in ein großes Sieb geben, unter warmem fließenden Wasser waschen, bis das ablaufende Wasser klar bleibt. In eine Schüssel geben und soviel heißes Wasser angießen, daß sie mit 5 cm Wasser bedeckt sind. Über Nacht einweichen.

Die *Chanas* in einem Sieb abtropfen lassen.

Die *Chanas* in einen schweren Topf mit einem Liter Wasser auf starker Hitze zum Kochen bringen. Dann die Hitze reduzieren und halb zugedeckt ca. 1 1/2 Stunden köcheln lassen, bis die *Chanas* weich sind. Vom Herd nehmen und beiseite stellen.

In einem anderen Topf das Öl heiß werden lassen, Zimtstange und den Kardamom dazugeben und eine 1/2 Minute anrösten.

Zwiebeln zufügen und anbraten, bis sie goldbraun sind.

Tomaten und Ingwer zugeben, umrühren und zugedeckt, auf niedriger Hitze, 5-8 Minuten köcheln lassen. Gut aufpassen, damit nichts anbrennt.

Chilipulver, Kurkumapulver und Salz hineinrühren und ca. eine Minute köcheln lassen.

Die gekochten *Chanas* mitsamt ihrer Flüssigkeit zuschütten und halb zugedeckt auf kleiner Hitze ca. 20 Minuten weiter köcheln lassen.

Korianderpulver und *Garam Masala* einrühren, mit Korianderblättern und Ingwer garnieren und heiß servieren.

Reisfelder in der Provinz Goa

REIS

Reis ist eines der Haupt-Nahrungsmittel in Indien. Es gibt regional unterschiedliche Reissorten, vom Langkorn- und Rundkornreis über farbigen (roten oder gelben) bis hin zur feinsten Reissorte - dem Basmati-Reis. Sein Korn ist dünn und lang. Um seine Reife zu erhalten, muß er mindestens sechs Monate gelagert werden, beim Kochen entfaltet er dann einen herrlichen Duft. Wir haben für alle Reisgerichte Basmati-Reis ausgewählt, da er jetzt in Delikatessengeschäften und im gut sortierten Einzelhandel zu bekommen ist.

Aus den *Pulaos* können Sie eine eigenständige Mahlzeit machen, indem Sie das Reisgericht mit Joghurt oder Salaten, *Papads* und Pickles servieren oder einfach mit einigen Gurkenscheiben und einer Handvoll Kartoffelchips essen. Auch Nüsse und frische Früchte können die Reisgerichte ergänzen.

SABZI PULAO
Bunter Reis mit Karotten,
Erbsen und Kartoffeln

Zutaten für 6-8 Personen

500	g	Basmati-Reis
4	EL	Pflanzenöl
1/2	TL	indischer Kümmel
1		große Zwiebel, geschält und in Streifen geschnitten
		Samen von 5 Kardamomkapseln
6-7		Nelken
6-9		schwarze Pfefferkörner
2		mittelgroße Karotten, geschält und gewürfelt
3		Kartoffeln, geschält und gewürfelt
150	g	tiefgefrorene Erbsen
1		Handvoll Cashewnüsse
		Saft von einer Zitrone
1/2	TL	Kurkumapulver
1	TL	Salz
600	ml	heißes Wasser

Zum Garnieren

		Zitronenscheiben
1	EL	Korianderblätter, fein gehackt

Zubereitung

Den Reis gut waschen, eine halbe Stunde in Wasser einweichen und dann abtropfen lassen.

Das Öl in einem großen Topf erhitzen. Den Kümmel dazugeben und sobald er anfängt zu platzen, die Zwiebeln zufügen, unter gelegentlichen Rühren ca. 5 Minuten glasig dünsten.

Kardamom, Nelken und die schwarzen Pfefferkörner hineingeben, umrühren und kurz anbraten.

Den Reis, Karotten, Kartoffeln, Erbsen,

Cashewnüsse, Zitronensaft, Kurkumapulver und Salz hineingeben, gut umrühren.

Heißes Wasser angießen und zum Kochen bringen, danach die Hitze reduzieren und zugedeckt in 20-25 Minuten garen.

Mit einer Gabel auflockern, mit Zitronenscheiben und Koriander garnieren und heiß servieren.

TIP
Übriggebliebener Reis läßt sich in ein schmackhaftes Gericht verwandeln. In einer Pfanne etwas Öl heiß werden lassen. Kreuzkümmel darin anbraten. Feingehackte Zwiebel goldbraun rösten, Kurkuma zugeben und umrühren. Den übriggebliebenen Reis dazugeben. Bei einfachem Reis kann man kleingeschnittenes Gemüse wie Karotten, Blumenkohl, Erbsen, Kartoffeln und Tomaten hinzufügen. Mit Salz und Zitronensaft würzen und 10-15 Minuten unter gelegentlichem Wenden anbraten. Mit Naturjoghurt, Pickles und einigen Kartoffelchips ergibt dies eine schnelle Mahlzeit.

KESAR CHAWAL
Safranreis

Zutaten für 6-8 Personen

500	g	Basmati-Reis
1/4	TL	Safranpulver
4	EL	Ghee, Rezept Seite 11, oder Butterschmalz
2		Zimtstangen, in 5-6 Stücke gebrochen
1/4	TL	Kardamomsamen, zerdrückt
6		Nelken
200	g	Zwiebeln, geschält, fein geschnitten
1	TL	Salz
1	EL	brauner Zucker
600	ml	heißes Wasser

Zum Garnieren

1	EL	frische Korianderblätter, fein gehackt

Zubereitung

Den Reis gut waschen, eine halbe Stunde in Wasser einweichen und dann abtropfen lassen.

Safranpulver in eine kleine Tasse geben, einen Eßlöffel warmes Wasser darübergießen und 10 Minuten einweichen.

Ghee oder Butterschmalz in einem schweren großen Topf erhitzen, die Zimtstangen, Kardamom, Nelken und Zwiebeln hineingeben und unter ständigem Rühren goldbraun werden lassen.

Den Reis dazugeben, umrühren und mit dem heißen Wasser auffüllen. Salz und Zucker einrühren und alles zum Kochen bringen. Safran mit dem Einweichwasser hinzufügen, die Hitze reduzieren und den Safranreis zugedeckt, ca. 25 Minuten dünsten, bis der Reis gar ist.

Mit einer Gabel auflockern, vor dem Servieren mit Korianderblättern garnieren.

MACKKI CHAWAL
Reis mit Mais

Zutaten für 6-8 Personen

500	g	Basmati-Reis
2	Msp	Safranpulver
3	EL	Pflanzenöl
1		Zwiebel, geschält und fein geschnitten
1	TL	indischer Kümmel
1	TL	frischer Ingwer, geputzt und fein gehackt
180	g	Mais
1	TL	Salz
600	ml	heißes Wasser

Zubereitung

Den Reis gut waschen, eine halbe Stunde im Wasser einweichen und dann abtropfen lassen.

Safranpulver in eine kleine Tasse geben, einen Eßlöffel warmes Wasser darübergießen und 10 Minuten einweichen.

Das Öl in einen großen Topf geben und heiß werden lassen. Zwiebeln dazugeben und goldbraun anbraten. Kümmel und Ingwer zufügen und kurz anrösten.

Mais und Reis hineinschütten, salzen, umrühren und ca. eine Minute weiter anbraten.

Mit heißem Wasser auffüllen, kurz aufkochen und den Safran samt Einweichwasser zu dem Reis geben. Die Hitze auf die kleinste Stufe reduzieren und zugedeckt 20-25 Minuten dämpfen.

Mit einer Gabel auflockern und heiß servieren.

MASALA BHAT
Gewürzreis

Zutaten für 6-8 Personen

500	g	Basmati-Reis
4	EL	Ghee, Rezept Seite 11
3		Zwiebeln, geschält und fein geschnitten
1		Zimtstange, in 3-4 Stücke gebrochen
		Samen von 5 Kardamomkapseln
6		Nelken
10		schwarze Pfefferkörner
1/2	TL	Kurkumapulver
1	TL	Salz
600	ml	heißes Wasser
100	g	Cashewnüsse
1		Bund frische Korianderblätter, fein geschnitten
1		grüne Peperoni, fein geschnitten
1	TL	schwarze Senfkörner

Zum Garnieren

2	EL	frische Korianderblätter, fein gehackt
2	EL	Kokosraspel
		Zitronenscheiben

Zubereitung

Den Reis waschen, 30 Minuten in Wasser einweichen und dann abtropfen lassen.

Zwei Drittel vom *Ghee* in einen großen Topf geben und heiß werden lassen. Die Zwiebeln im Ghee goldbraun anbraten.

Zimt, Kardamom, Nelken und Pfefferkörner dazugeben und kurz anrösten.

Reis, Kurkumapulver und Salz zufügen und anbraten. Mit heißem Wasser auffüllen, aufkochen lassen und 20-25 Minuten bei kleiner Hitze, zugedeckt, weitergaren.

In einer kleinen Pfanne das restliche *Ghee* oder Butterschmalz heiß werden lassen und darin die Cashewnüsse goldbraun braten; herausnehmen und beiseite stellen.

In der gleichen Pfanne Korianderblätter, Peperoni und Senfkörner kurz anbraten. Die angebräunten Cashewnüsse zufügen und alles über den Reis verteilen. Ganz vorsichtig mit einer Gabel lockern.

Mit Korianderblättern, Kokosraspel und Zitronenscheiben garnieren und heiß servieren.

NAVRATAN PULAO
Navratan Reis

Zutaten für 6-8 Personen

500	g	Basmati-Reis
80	g	Ghee, Rezept Seite 11, oder Butterschmalz
2	TL	indischer Kümmel
1		Zwiebel, geschält, in Streifen geschnitten
3-4		Kardamomkapseln
6		Nelken
3		Lorbeerblätter
1		Zimtstange, in 3-4 Stücke gebrochen
12		schwarze Pfefferkörner
200	g	tiefgefrorene Erbsen
2		Karotten, geschält und grob geraspelt
1		Handvoll Cashewnüsse
600	ml	heißes Wasser
1		grüne Peperoni, fein gehackt
1 1/4	TL	Salz
6-7		Datteln, entkernt und in Streifen geschnitten

Zum Garnieren

1	EL	frische Korianderblätter, fein gehackt

Zubereitung

Den Reis gut waschen, eine halbe Stunde in Wasser einweichen, dann abtropfen lassen.

Ghee oder Butterschmalz in einem großen Topf heiß werden lassen. Kümmel, Zwiebeln, Kardamom, Nelken, Lorbeerblätter, Zimtstange und Pfefferkörner hineingeben und umrühren, anrösten, bis die Zwiebeln goldbraun sind.

Reis, Erbsen, Karotten und Cashewnüsse dazugeben, unter ständigem Rühren ca. eine Minute anbraten. Danach zugedeckt ca. zwei Minuten schmoren lassen.

Das Wasser angießen, Peperoni und Salz zugeben, nochmals durchrühren und zum Kochen bringen. Danach die Hitze auf die kleinste Stufe reduzieren, zugedeckt 20-25 Min. dämpfen, bis der Reis gar ist.

Die Datteln, mit einer Gabel vorsichtig unterheben, 2-3 Min. ruhen lassen.

Die Lorbeerblätter herausnehmen und mit Korianderblättern bestreut servieren.

NIMBU CHAWAL
Zitronen-Safranreis

Zutaten für 6-8 Personen

500	g	Basmati-Reis
1/8	TL	Safranpulver
4	EL	Ghee, Rezept Seite 11, oder Butterschmalz
1	TL	schwarze Senfkörner
5		Nelken
ca. 30		ganze Cashewnüsse
1		grüne Peperoni, fein gehackt
4	EL	frische Kokosraspel
125	ml	frischer Zitronensaft
1	TL	Salz
475	ml	heißes Wasser

Zum Garnieren

1		Zitrone, in Achtel geschnitten
4	EL	frische Korianderblätter, fein gehackt

Zubereitung

Den Reis gut waschen, eine halbe Stunde in Wasser einweichen und dann abtropfen lassen.

Safranpulver in eine kleine Tasse geben, einen Eßlöffel warmes Wasser darübergießen und 10 Minuten einweichen.

In einem großen Topf das *Ghee* oder Butterschmalz heiß werden lassen. Senfkörner, Nelken und Cashewnüsse dazugeben, ca. eine Minute anrösten. Den abgetropften Reis zufügen und 2-3 Minuten anrösten, bis die Reiskörner mit *Ghee* überzogen sind.

Peperoni, Kokosnuß, Zitronensaft, Salz und das heiße Wasser zugeben, den Safran samt seinem Einweichwasser dazugießen und auf starker Hitze unter gelegentlichem Rühren zum Kochen bringen. Die Hitze auf die kleinste Stufe reduzieren und zugedeckt 20-25 Minuten dämpfen.

Den Reis mit einer Gabel auflockern und auf einer Platte, mit Korianderblättern und Zitronenstücken garniert, heiß servieren.

SADA CHAWAL
Einfacher Reis

Zutaten für 4 Personen

250	g	Basmati-Reis
1	Msp	Safranpulver
2	EL	Pflanzenöl
1		Zwiebel, geschält und fein geschnitten
1/2	TL	frischer Ingwer, geputzt und fein gehackt
1/2	TL	indisches Kümmelpulver
1/4	TL	Salz
300	ml	heißes Wasser

Zubereitung

Den Reis gut waschen, eine halbe Stunde in Wasser einweichen und dann abtropfen lassen.

Safranpulver in eine kleine Tasse geben, einen Eßlöffel warmes Wasser darübergießen und 10 Minuten einweichen.

Das Öl in einem großen Topf erhitzen, die Zwiebeln zufügen und goldbraun anbraten.

Reis, Ingwer, Kümmel und Salz dazugeben, umrühren und kurz anrösten.

Mit heißem Wasser auffüllen und kurz aufkochen. Den Safran samt Einweichwasser zu dem Reis geben, die Hitze auf die kleinste Stufe reduzieren und zugedeckt 20-25 Minuten dämpfen.

Mit einer Gabel auflockern und heiß servieren.

KADHI - Joghurtsoße
zu Reisgerichten

Zutaten für 6 Personen

500	ml	Joghurt
2	EL	Besan (Kichererbsenmehl)
1	TL	Zucker
1	TL	grob gemahlener indischer Kümmel
1 1/2		grüne Peperoni, fein gehackt
1 1/4	TL	Salz
1/4	TL	Kurkumapulver
1	l	Wasser
1	TL	Ghee, Rezept Seite 11
4-5		Nelken
1/2	TL	indischer Kümmel
3-4		Curryblätter

Zum Garnieren

2	EL	frischer Korianderblätter, fein gehackt

Zubereitung

Joghurt, *Besan*, Zucker, gemahlenen Kümmel, Peperoni, Salz und Kurkumapulver in eine großen Schüssel geben und alles gut verrühren. Das Wasser zugießen und mit dem Schneebesen schlagen, bis die Mischung klumpenfrei ist.

In einem großen tiefen Topf *Ghee* heiß werden lassen. Nelken, Kümmel und Curryblätter zugeben, eine 1/2 Minute anrösten, bis sie braun sind.

Die Joghurtmischung dazugießen, unter ständigem Rühren, bei großer Hitze, zum Kochen bringen. Vom Herd nehmen.

Mit Korianderblättern garnieren und heiß zu Reisgerichten, z.B. zu *Masala Bhat*, Rezept Seite 39, servieren.

BROT

Papads-Verkäufer in Mittelindien

Indisches Brot wird für jede Mahlzeit frisch zubereitet und möglichst heiß serviert. Die Zubereitungsarten sind vielfältig, das Brot kann gebacken, fritiert oder gebraten werden. In allen Fällen ist es wichtig, daß der Teig gut geknetet wurde. Sie können den Teig auch mehrere Stunden im voraus zubereiten, müssen ihn dann aber vor Gebrauch nochmals durchkneten.

Der in den Rezepten erwähnte *Karhai* ist ein indischer Fritiertopf. Weil er wie eine Halbkugel geformt ist, benötigt man zum Fritieren nur kleine Mengen Öl.

Versuchen Sie einmal *Purees, Rotis* oder *Parathas* so zu essen, wie es die Inder tun: man legt das Brot gefaltet auf den Tellerrand, hält ein Stück mit dem Zeigefinger der rechten Hand fest und reißt mit dem Daumen und Mittelfinger ein Stück ab. Mit diesem umfaßt man etwas Gemüse oder tunkt es in Soße ein und führt es zum Mund. Sie werden erleben, daß das Brot jetzt noch besser schmeckt.

ROTI/CHAPATI
Gebackenes-Brot

Zutaten für 4 Personen

250 g		Atta (Mehl, Typ 1400 mit 10% Weizenkleie)
1		Prise Salz
1	EL	Pflanzenöl
ca. 125 ml warmes Wasser		
		etwas Ghee, Rezept Seite 11, oder Butter zum Bestreichen

Zubereitung

Mehl, Salz und Öl in eine tiefe Schüssel geben und zwischen den Fingerspitzen verreiben. Wasser hineingeben und kräftig kneten, bis der Teig sich zu einem festen Ball formen läßt.

Die Hände mit etwas Öl anfetten und den Teig ca. 10 Minuten kneten, bis er geschmeidig ist. Den Teig wieder zu einem Ball formen, in eine Schüssel legen, mit einem feuchten Küchentuch zudecken und ca. eine 1/2 Stunde ruhen lassen.

Aus dem Teig 10-15 leicht abgeflachte Bällchen formen. Jeweils ein Bällchen auf eine dünn bemehlte Holzfläche legen und mit dem Wellholz zu einem großen Kreis (Durchmesser ca. 15 cm) ausrollen.

Eine schwere Pfanne erhitzen, das *Roti* ohne Fett hineingeben. 30 Sekunden backen, bis die Oberseite leichte Blasen zeigt. Jetzt wird das *Roti* umgedreht und der Rand und die Löcher, aus denen der Dampf entweicht, mit Hilfe von Küchenkrepp zugehalten. Mit etwas Übung blähen sich die *Rotis* zu einer Halbkugel auf. Nach nochmaligem Wenden bekommt das *Roti* leicht braune Stellen und ist fertig. Die fertigen *Rotis* auf einen Servierteller stapeln und jedes mit 1/4 Teelöffel *Ghee* oder Butter bestreichen. Dieser Vorgang wird solange wiederholt bis alle *Rotis* gebacken sind.

TIP:

Auch Reste können eine köstliche Mahlzeit sein. Übriggebliebene *Rotis* in kleine Stücke reißen. Öl in der Pfanne erhitzen, Kreuzkümmel zugeben und kurz anrösten. Dann Kurkuma, grüne Peperoni und Zwiebeln zugeben und goldbraun braten. Eine Handvoll Erbsen hineingeben und zwei Minuten rühren. Danach gehackte Tomaten und die Rotistücke zugeben, mit Salz, Zitronensaft und einer Prise Zucker würzen. Falls das Gericht zu trocken sein sollte, 3-4 Eßlöffel Wasser zugeben. Auf kleiner Hitze dämpfen. Vor dem Servieren mit Kokosflocken und Korianderblättern bestreuen.

PUREES
Fritiertes Brot

Zutaten für 4 Personen

250	g	Atta (Mehl, Typ 1400 mit 10% Weizenkleie)
50	g	Weizengrieß
1/4	TL	Salz
30	g	Butter
ca. 140 ml warme Milch		
		Pflanzenöl zum Fritieren

Zubereitung

Atta, Grieß, Salz und Butter in eine tiefe Schüssel geben und zwischen den Fingerspitzen verreiben. In die Mitte eine Vertiefung drücken, ca. 100 ml warme Milch hineinschütten und unter die Atta-Grieß-Mischung rühren. Löffelweise weiter warme Milch zugeben und nach jeder Zugabe kräftig kneten. Nur so viel Milch verarbeiten, bis der Teig zu einem festen Ball geformt werden kann.

Die Hände mit Butter anfetten, den Teig auf die Arbeitsplatte legen und kneten, bis er geschmeidig ist. Den Teig wieder zu einem Ball formen, in eine Schüssel legen, mit einem feuchten Küchentuch zudecken und ca. eine 1/2 Stunde ruhen lassen.

Den Teig in walnußgroße Bällchen teilen. Jedes Bällchen wird auf der Arbeitsplatte mit dem Wellholz in einen ca. 10 cm Durchmesser großen Kreis ausgerollt. Damit der Teig beim Auswellen nicht klebt, etwas Öl auf die Arbeitsplatte tupfen. Die fertigen *Purees* auf ein Küchentuch legen und mit einem zweiten angefeuchteten Tuch zudecken.

Verschiedene Brotsorten:
Roti (links), Seite 44,
Parathas (rechts), Seite 46,
Purees (oben), Seite 45.

Ca. 3/4 l Öl in einem *Karhai* oder Fritiertopf erhitzen. Ein *Puree* in das heiße Öl gleiten lassen, mit einem Schaumlöffel tief in das Öl tauchen, das *Puree* wenden bis es auf beiden Seiten goldbraun ist, herausnehmen und auf Küchenkrepp abtropfen lassen. Nacheinander alle *Purees* ausbacken. Warm servieren.

PARATHA
Gebratenes Brot

Zutaten für 4 Personen

400 g	Atta (Mehl, Typ 1400 mit 10% Weizenkleie)	
1/2 TL	Salz	
2 TL	zerlassene Butter	
ca. 200 ml lauwarme Milch		
	Ghee zum Braten, Rezept Seite 11	

Zubereitung

Atta, Salz und Butter in eine tiefe Schüssel geben und zwischen den Fingerspitzen verreiben. Ca. 100 ml Milch hineinschütten und unter das Atta rühren. Löffelweise weitere Milch zugeben und nach jeder Zugabe kräftig kneten. Nur so viel Milch verarbeiten, bis der Teig zu einem festen Ball geformt werden kann.

Die Hände mit etwas Butter anfetten und den Teig so lange weiterkneten, bis er geschmeidig ist. Den Teig wieder zu einem Ball formen, in eine Schüssel legen, mit einem feuchten Küchentuch zudecken und ca. eine 1/2 Stunde ruhen lassen.

Den Teig in 8 leicht abgeflachte Bällchen formen.

Damit die *Parathas* beim Backen aufgehen und locker werden, ist eine besondere Falttechnik nötig:

Auf einer leicht bemehlten Arbeitsplatte ein Teigbällchen mit dem Wellholz zu einem ca. 18 cm Durchmesser großen Kreis ausrollen ❶. Die ausgerollte Oberfläche leicht mit *Ghee* bestreichen ❷ und mit einem halben Teelöffel Mehl bestäuben ❸. Nun ein Drittel des Kreises zur Mitte falten ❹. Den umgefalteten Teil wieder mit *Ghee* und Mehl behandeln. Das zweite Drittel über das erste falten, so daß ein Streifen mit 3 Lagen entsteht. Die Oberseite wieder mit *Ghee* und Mehl behandeln. Nun von der Schmalseite wieder ein Drittel zur Mitte falten, das Zweite über das Erste legen, so daß ein Viereck mit 9 Lagen entsteht ❺. Nun wird das Viereck auf 15 cm Größe ausgerollt ❻.

Eine schwere Pfanne ohne Fett erhitzen, das *Paratha* hineinlegen und mit Hilfe von Küchenkrepp ca. 1 Minute lang hin- und herschieben bis es leicht braun ist. Mit einem Spachtel wenden, die Oberseite mit einem Teelöffel *Ghee* bestreichen, nochmals wenden, wieder mit einem Teelöffel *Ghee* bestreichen, so lange braten bis beide Seiten goldbraun sind. Dieser Vorgang wird solange wiederholt, bis alle *Parathas* gebakken sind. Warm als Beilage servieren.

❶ ❷ ❸ ❹ ❺ ❻

SALATE

Bei indischen Salaten handelt es sich nicht um die hier bekannten Blattsalate, sondern, bis auf wenige Ausnahmen, um *Raita*. *Raita* ist eine Joghurtspeise mit Früchten oder Gemüsen, welche mit Gewürzen abgerundet wird. So steht der kühle "Salat" im Kontrast zu den anderen warmen und stark gewürzten Gerichten. Joghurt hat außerdem eine mildernde Wirkung, falls einmal eines unserer Rezepte für Sie zu scharf sein sollte.

Neben den *Raitas* gibt es die mit Erdnüssen zubereiteten Salate. *Tamatar ka Salad* ist nachfolgend als Beispiel aufgenommen.

GAJAR MOONGFALLI RAITA
Karottensalat mit Erdnüssen

Zutaten für 4 Personen

150	ml	Joghurt
1/4	TL	Salz
1/2	TL	Zucker
		Saft von einer 1/2 Zitrone
3	TL	frische Kokosflocken
2	TL	frische Korianderblätter, fein gehackt
250	g	Karotten, geschält und fein geraspelt
75	g	gesalzene Erdnüsse, grob gehackt

Zubereitung

In einer Schüssel Joghurt, Salz, Zucker, Zitronensaft, Kokosflocken und Korianderblätter gut mischen.

Die Karotten unterheben. Mit Erdnüssen bestreuen und sofort servieren.

PALAK KA RAITA
Spinatsalat mit Joghurt

Zutaten für 4 Personen

500	g	frischer Blattspinat
500	g	Joghurt
1/2	TL	Salz
1		Knoblauchzehe
1	EL	Pflanzenöl
1/2	TL	schwarze Senfkörner
1/2	TL	indischer Kümmel
1/2	TL	indisches Kümmelpulver
3		Nelken
1		grüne Peperoni, fein gehackt

Zubereitung

Den Spinat waschen, verlesen und die Stengel entfernen. In einem kleinen Topf, ohne Zugabe von Wasser, zugedeckt, bei mittlerer Hitze, in 5-8 Minuten gar dünsten. Den Spinat in ein Sieb geben, abkühlen lassen und dann grob hacken.

Joghurt und Salz in eine Schüssel geben.

Die Knoblauchzehe schälen und durch die Knoblauchpresse in den Joghurt drücken und gut verrühren. Den Spinat dazugeben und mit der Soße vermischen.

In einer kleinen Pfanne das Öl heiß werden lassen, die Senfkörner darin anbraten, bis sie platzen. Kümmel, Kümmelpulver, Nelken und Peperoni zugeben und alles ein bis zwei Minuten unter ständigem Rühren weiterbraten.

Die Gewürzmischung unter die Joghurt-Spinat-Mischung mengen, für ca. eine Stunde in den Kühlschrank stellen. Kalt servieren.

PUDINA KA RAITA
Minzesalat mit Joghurt

Zutaten für 4 Personen

3-4	EL	frische Minze, fein gehackt
3	EL	Zwiebeln, fein gehackt
1/2		grüne Peperoni, fein gehackt
1	Msp	Salz
150	ml	Joghurt

Zum Garnieren

	Minzeblätter

Zubereitung

Alle Zutaten in eine Schüssel geben, mit dem Schneebesen gut schlagen und für eine Stunde in den Kühlschrank stellen.

Vor dem Servieren mit Minzeblättern garnieren.

VEGETABLE RAITA
Joghurt mit Gemüse

Zutaten für 6 Personen

300	ml	Joghurt
1/2	TL	Salz
1/4	TL	gemahlener Pfeffer
1/2	TL	indisches Kümmelpulver
1/2		Gurke, gewaschen, ungeschält, fein gehackt
1		Zwiebel, geschält, fein gehackt
2		Tomaten, fein gehackt
2		gekochte Kartoffeln, geschält und fein geschnitten

Zum Garnieren

2	EL	Korianderblätter, fein gehackt

Zubereitung

Joghurt, Salz, Pfeffer und Kümmelpulver in eine Schüssel geben und verrühren.

Gurke, Zwiebel, Tomaten und Kartoffeln zufügen, gut umrühren und eine Stunde in den Kühlschrank stellen.

Mit Korianderblättern garnieren.

KELA KA RAITA
Bananensalat

Zutaten für 4 Personen

150	g	Joghurt
1/2	TL	Salz
1	TL	Zucker
2	TL	Zitronensaft
1/4		grüne Peperoni, fein geschnitten
4		reife Bananen, geschält, in 1 cm große Scheiben geschnitten

Zum Garnieren

2	EL	frische Korianderblätter, fein gehackt

Zubereitung

Joghurt, Salz, Zucker, Zitronensaft und Peperoni in eine Schüssel geben und verrühren.

Die Bananen unterheben und den Salat eine Stunde im Kühlschrank stehen lassen.

Vor dem Servieren mit Korianderblättern bestreuen.

TAMATAR KI CACHUMBAR
Tomaten-Erdnußsalat

Zutaten für 4 Personen

4		Tomaten, gewürfelt
1/2		grüne Peperoni, fein gehackt
1/4	TL	Salz
1/2	TL	Zucker
		Saft von einer 1/2 Zitrone
2	EL	frische Korianderblätter, fein gehackt
100	g	gesalzene Erdnüsse, grob gehackt

Zubereitung

Tomaten, Peperoni, Salz, Zucker, Zitronensaft und Korianderblätter in eine Schüssel geben und alles gut vermengen. Für eine Stunde in den Kühlschrank stellen.

Erdnüsse dazugeben, gut umrühren und sofort servieren.

TAMATAR KELA RAITA
Tomaten-Bananen-Salat

Zutaten für 4 Personen

3		reife Bananen, geschält und in Scheiben geschnitten
3		Tomaten, in Achtel geschnitten
1/2		grüne Peperoni, fein geschnitten
1/2	TL	Salz
1	TL	Zucker
2	TL	Zitronensaft
250	ml	Joghurt

Zum Garnieren

1	TL	frische Korianderblätter, fein gehackt

Zubereitung

In einer großen Schüssel alle Zutaten gut miteinander vermengen und für eine Stunde in den Kühlschrank stellen.

Vor dem Servieren mit Korianderblättern garnieren.

SÜSS-SPEISEN

In Indien sind einige der Zutaten für die Süßspeisen schwer erhältlich und teuer. Deshalb werden viele der Süßigkeiten nur zu besonderen Anlässen zubereitet. Sie sind dann in ihrer Vielfalt die Krönung der indischen Feste. So werden *Gajar Halva*, *Vermicelli*, *Shrikhand* oder *Kulfi* zu den Mahlzeiten serviert, *Sheera* wird als kleiner Imbiss und *Laddus* und *Burfis* zu Kaffee oder Tee gereicht.

Burfis und *Laddus* können, luftdicht verschlossen, zwei bis drei Wochen in einem trockenen und kühlen Raum aufbewahrt werden.

Vorne: Indische Nudeln mit Milch, Seite 52, rechts Shrikhand, Seite 52, dahinter Sukadi, Seite 53, hinten (Mitte) Halva (Karottendessert), Seite 54.

SHRIKHAND
Quarkspeise

Zutaten für 4 Personen

500	g	Quark, 40% Fett
1/8	TL	Safranpulver
100	g	Zucker
1	EL	Rosinen

Zum Garnieren

1	EL	Mandeln, geschält, gestiftelt
1	EL	Pistazien

Zubereitung

Quark, Safranpulver, Zucker und Rosinen in eine Schüssel geben und alles gut verrühren, bis der Zucker sich aufgelöst hat. Für eine Stunde kühl stellen.

Mit Mandeln und Pistazien garnieren.

SHEVAI KA KHEER
Indische Nudeln mit Milch

Zutaten für 4 Personen

1/8	TL	Safranpulver
2	EL	Butter
125	g	Shevai (Vermicelli)
1	l	Milch
250	ml	süße Sahne
100	g	Zucker
2	TL	Sultaninen
1	TL	Kardamompulver
1/2	TL	Muskatpulver

Zubereitung

Das Safranpulver in einer kleinen Tasse mit 2 Eßlöffel warmem Wasser übergießen und 10 Minuten einweichen.

In einem schweren Topf die Butter heiß werden lassen. *Shevai* hineinschütten und anrösten, bis sie goldbraun sind.

Milch und Sahne zugießen, auf starker Hitze zum Kochen bringen und dabei ständig rühren, damit sich keine Haut bildet. Zucker und Sultaninen zufügen, die Hitze reduzieren und die *Shevai* ca. 20 Minuten köcheln lassen. Den Topf vom Herd nehmen. Kardamompulver, Muskatpulver und Safran samt dem Einweichwasser einrühren. Warm servieren.

SHEERA
Süßes Dessert aus Grieß

Zutaten für 6 Personen

1/8	TL	Safranpulver
125	g	Butter
300	g	Sooji (Weizengrieß)
1		Banane
2	EL	Sultaninen
450	ml	warme Milch
200	g	Zucker
1/4	TL	Kardamompulver
2	EL	Mandeln, geschält , gestiftelt

Zubereitung

Das Safranpulver in eine kleine Tasse geben, 2 Eßlöffel warmes Wasser darübergießen und 10 Minuten einweichen.

In einem schweren Topf Butter zerlassen, den Grieß dazugeben, unter ständigem Rühren, bei mittlerer Hitze, anrösten, bis er goldbraun ist.

Die kleingeschnittene Banane und die Sultaninen zufügen und gut unterrühren.

Die Milch dazugießen und alles gut vermischen. Den Zucker einrühren. Die Hitze reduzieren und den Deckel auflegen. Ab und zu umrühren, bis der Zucker sich aufgelöst hat. Den Topf vom Herd nehmen.

Safran samt seiner Einweichflüssigkeit, Kardamompulver und Mandeln zugeben, umrühren und heiß servieren.

BESAN LADDU
Süße Bällchen
aus Kichererbsenmehl

Zutaten für ca. 20 Stück

125	g	Ghee, Rezept Seite 11, oder Butterschmalz
250	g	Besan (Kichererbsenmehl), gesiebt
225	g	Puderzucker, gesiebt
1	EL	Cashewnüsse, gehackt
1	EL	Mandeln, geschält und gestiftelt
1	EL	Pistazien, gestiftelt
1/2	TL	Kardamompulver
1/8	TL	Safranpulver
1/4	TL	Muskatpulver

Zubereitung

In einem schweren Topf *Ghee* oder Butterschmalz zerlassen, *Besan* dazugeben, auf kleiner Hitze und unter ständigem Rühren ca. 30 Minuten goldbraun anbraten.

Den Topf vom Herd nehmen. Die restlichen Zutaten zugeben und alles gut mischen.

Sobald die Masse soweit abgekühlt ist daß man sie anfassen kann, walnußgroße Bällchen formen.

Die *Besan Laddus* passen ausgezeichnet zum Tee oder Kaffee.

SUKADI
Konfekt aus Mehl

Zutaten für 30-40 Stück

325	g	Butter
250	g	Atta (Mehl, Typ 1400 mit 10% Weizenkleie)
25	g	Kokosraspel
3	TL	Sesamsamen
150	g	Blockzucker (Goor), siehe Seite 10, gerieben
2	TL	Milch

Zum Garnieren

1	TL	Sesamsamen

Zubereitung

In einem schweren Topf die Butter zerlassen. *Atta* einrühren, die Temperatur steigern und ca. 5 Minuten rühren, bis die Masse Blasen wirft. Dann die Hitze auf die kleinste Stufe reduzieren und unter gelegentlichem Rühren goldbraun werden lassen (ca. 30 Minuten).

Kokosraspel und Sesam zufügen und anbräunen. Den Topf vom Herd nehmen.

Jaggery (*Goor*) schnell unterrühren, die Milch darübergießen und noch einmal durchrühren.

Auf ein Kuchenblech geben und mit einem Spachtel einen Zentimeter dick verteilen. Sesamsamen daraufstreuen, festdrücken und die Masse abkühlen lassen.

Mit einem Messer in Quadrate schneiden.

GAJAR KA HALVA
Karottendessert

Zutaten für 6 Personen

500	g	Karotten, geschabt, fein gerieben
1	l	Milch
250	ml	Sahne
300	g	brauner Zucker
200	g	Mandeln, geschält und gemahlen
3	EL	Ghee, Rezept Seite 11, oder Butterschmalz
1	TL	gemahlener Kardamom

Zum Garnieren

4	TL	Pistazien, fein gehackt
2	TL	gestiftelte Mandeln

Zubereitung

Karotten, Milch und Sahne in einem schweren, tiefen Topf unter Rühren zum Kochen bringen. Die Hitze herunterschalten und ca. eine Stunde lang unter häufigem Rühren kochen, bis die Mischung sich auf die Hälfte reduziert hat. Die Milch darf auf keinen Fall anbrennen.

Den Zucker einrühren und ca. 10 Minuten weiter köcheln lassen.

Die gemahlenen Mandeln unterheben. *Ghee* oder Butterschmalz zufügen, solange rühren, bis die Masse eine teigige Konsistenz hat und sich vom Rand und Boden des Topfes löst. Den Topf vom Herd nehmen.

Das Kardamompulver untermischen. *Halva* in eine flache Schale geben und mit Pistazien und gestiftelten Mandeln garnieren und lauwarm servieren.

BADAM KHAS KHAS BURFI
Mandel-Mohn-Konfekt

Zutaten für ca. 20 Stück

2	TL	Butter
100	g	Khas Khas (weißer Mohn), fein gemahlen
100	g	Mandeln, fein gemahlen
125	ml	Sahne
175	g	Zucker
1	TL	Kardamompulver
1/2	TL	Muskatpulver

Zubereitung

In einer schweren Pfanne einen Teelöffel Butter heiß werden lassen, *Khas Khas* und Mandeln dazugeben und ca. eine Minute anrösten. Herausnehmen und auf einem Teller abkühlen lassen.

Ein Kuchenblech mit dem anderen Teelöffel Butter einstreichen.

In einem schweren Topf Zucker und Sahne auf starker Hitze zum Kochen bringen. Den Herd auf eine niedrige Stufe herunterschalten und die Mischung unter gelegentlichem Rühren ca. 5 Minuten kochen. *Khas Khas* und Mandeln hinzufügen und solange rühren, bis die Masse eine teigige Konsistenz hat und sich vom Rand und Boden des Topfes löst. Den Topf vom Herd nehmen.

Kardamompulver und Muskatpulver zugeben, umrühren und sofort mit einem Spachtel einen Zentimeter dick auf dem Kuchenblech verteilen.

Abkühlen lassen. Mit einem Messer in Quadrate schneiden.

BADAM BURFI
Mandelkonfekt

Zutaten für ca. 30 Stück

1	TL	Butter
250	g	Mandeln, geschält und gemahlen
250	g	Zucker
1/8	l	Sahne
1	TL	Kardamompulver
1/8	TL	Safranpulver

Zubereitung

Ein Kuchenblech mit einem Teelöffel Butter einstreichen.

In einer Pfanne die Mandeln ohne Fett leicht anrösten und dann beiseite stellen.

In einem schweren Topf Zucker und Sahne unter ständigem Rühren bei starker Hitze zum Kochen bringen. Den Herd auf eine niedrige Stufe herunterschalten und die Sahne, unter gelegentlichem Rühren, ca. 5 Minuten kochen.

Die Mandeln hineingeben, unter ständigem Rühren weiterkochen, bis die Masse eine teigige Konsistenz hat und sich vom Rand und Boden des Topfes löst. Den Topf vom Herd nehmen.

Kardamompulver und Safranpulver zufügen, gut vermischen und die Masse sofort mit einem Spachtel einen Zentimeter dick auf dem Kuchenblech verteilen.

Kalt werden lassen. Mit einem Messer in Quadrate schneiden.

NARIYAL BADAM BURFI
Kokosnuß-und-Mandel-Konfekt

Zutaten für 50-60 Stück

125	g	Butter
200	g	Kokosraspel
200	g	Mandeln, geschält und fein gemahlen
350	g	Zucker
150	ml	Wasser
250	g	Magermilchpulver
170	g	Kondensmilch, 7,5% Fett, ungezuckert
		Saft von einer 1/2 Zitrone
1/2	TL	Kardamompulver

Zum Garnieren

1-2	EL	gemahlene Mandeln

Zubereitung

Ein Kuchenblech mit einem Teelöffel Butter einstreichen.

Die restliche Butter in einem schweren Topf, auf kleiner Hitze, langsam zerlassen. Kokosraspel und Mandeln hineinrühren, anrösten, bis sie leicht angebräunt sind.

Zur gleichen Zeit in einem anderen Topf Zucker und Wasser langsam zum Kochen bringen.

In die Kokosraspel-Mandel-Mischung jetzt nacheinander das Magermilchpulver und die Kondensmilch einrühren. Bitte aufpassen, damit nichts anbrennt.

Nun in den kochenden Zuckersirup den Zitronensaft hineingießen und nochmals aufkochen. Den Sirup zur Kokosraspel-Mandel-Mischung gießen und alles gut durchrühren. Den Topf vom Herd nehmen.

Das Kardamompulver einrühren. Die Masse gleichmäßig ca. 1,5 cm dick auf dem Kuchenblech verteilen und mit einem angefeuchteten Spachtel glätten. Mit gemahlenen Mandeln bestreuen und 3-4 Stunden abkühlen lassen.

Dann in 2,5 cm x 2,5 cm große Stücke schneiden.

KAJOO AAM SALAD
Obstsalat mit Cashewnüssen

Zutaten für 4 Personen

2		reife Mangos in Stücken (siehe Zubereitung)
15		Lychees, geschält und den Kern herausgelöst
2-3		Bananen, in Scheiben geschnitten
2	TL	Zucker
1	TL	frischer Zitronensaft
50	g	Cashewnüsse, gehackt

Zum Garnieren

	einige Minzeblätter
	ein paar Erdbeeren

Zubereitung

Die gewaschenen Mangos senkrecht stellen. Mit einem scharfen Messer parallel zu den Breitseiten am Kern entlang zwei dicke Scheiben abschneiden. Mit dem Messer das Fruchtfleisch aus der Schale lösen und in Streifen schneiden. Das restliche Fleisch vom Kern ablösen und kleinschneiden.

Alle Zutaten, außer den Cashewnüssen, in eine große Schüssel geben und vorsichtig vermengen. Ca. eine Stunde im Kühlschrank stehen lassen.

Vor dem Servieren, die Cashewnüsse auf den Salat streuen, mit Minzeblättern und Erdbeeren garnieren.

MANGO KULFI
Mango-Eis

Zutaten für 4 Personen

425	g	Mangofruchtfleisch
120	g	Zucker
250	ml	süße Sahne
250	ml	Milch

Zum Garnieren

1	EL	Pistazien
1	EL	gestiftelte Mandeln

Zubereitung

Mangofruchtfleisch im Mixaufsatz der Küchenmaschine oder im Mixer pürieren.

Zucker, Sahne und Milch gut unter das Püree rühren.

Die Masse in eine Eisschale gießen und gefrieren. Nach einer Stunde nochmals gut umrühren, damit keine Eiskristalle entstehen. Wieder in das Gefrierfach stellen, bis das Eis fest ist.

Das Eis in kleine Schüsseln verteilen, mit Pistazien und Mandeln garnieren.

KULFI
Eis mit Kardamom und Muskat

Zutaten für 4 Personen

250	ml	Kondensmilch, 7,5% Fett, ungezuckert, gut gekühlt
125	g	Puderzucker
1/4	TL	Kardamompulver
1/4	TL	Muskatpulver

Zum Garnieren

1	EL	Pistazien
1	EL	gestiftelte Mandeln

Zubereitung

Die gekühlte Milch in eine Rührschüssel geben und mit dem Handrührgerät schlagen, bis die Milch schaumig wird.

Puderzucker, Kardamompulver und Muskatpulver zufügen und nochmals schlagen, bis der Zucker sich aufgelöst hat.

Die Mischung in eine flache Chromarganschüssel gießen und ins Gefrierfach stellen. Nach einer Stunde mit einer Gabel nochmals gut durchmischen und weitere ein bis zwei Stunden im Gefrierfach lassen, bis die Masse fest gefroren ist.

Das Eis in kleine Schüsseln verteilen, mit Pistazien und Mandeln garnieren.

CHUTNEYS

Chutneys sind kleine, appetitanregende Beilagen zu Vorspeisen und Snacks, aber auch zu den Hauptgerichten. Durch ihre Würze geben sie den Gerichten eine pikante Note. Chutneys halten sich nach Zubereitung ein bis zwei Tage im Kühlschrank.

Eine Variante des *Chutneys* sind *Pickles*, bei denen Früchte und Gemüse durch Öl und Gewürze haltbar gemacht wurden. Da *Pickles* in der Regel sehr scharf sind, ißt man nur kleinste Mengen, hauptsächlich mit Reisgerichten. Wir empfehlen *Pickles* als Fertigprodukt zu kaufen, da die Eigenherstellung sehr aufwendig ist (wir geben Rezept-Beispiele). Um das *Pickle* nicht zu verderben, sollte stets ein sauberer Löffel zum Herausnehmen verwendet werden.

An dieser Stelle wollen wir Sie auch mit *Papads* bekannt machen. *Papads* sind dünne, getrocknete Fladen aus einem gewürzten Teig, der aus verschiedenen Linsensorten zubereitet wird. *Papads* sind wie *Pickles* in Delikatessengeschäften und gut sortierten Supermärkten erhältlich. Sie werden als knusprige Beilage zu Reisgerichten serviert. Man rechnet ein bis zwei *Papads* pro Person.

PAPADS - Zubereitung:

In einer kleinen Pfanne einen Zentimeter hoch Öl eingießen und erhitzen. *Papads* einzeln von beiden Seiten einige Sekunden lang ausbacken. Sie vergrößern sich beim Fritieren und sollen in der Farbe höchstens hellbraun werden. Auf Küchenkrepp gut abtropfen lassen.

SEB KI CHATNI
Apfel-Chutney

Zutaten

2		Boskop Äpfel, geschält, entkernt und kleingeschnitten
1		grüne Peperoni
1/4	TL	Salz
1	TL	Zucker
		Saft von einer 1/2 Zitrone
1	TL	indischer Kümmel
8	EL	Wasser

KAJOO DHANIYA CHATNI
Cashew-Koriander-Chutney

Zutaten

5	EL	frische Korianderblätter, gehackt
50	g	Cashewnüsse, grob gehackt
1		grüne Peperoni, gehackt
		Saft von einer 1/2 Zitrone
100	ml	Joghurt
1/2	TL	indisches Kümmelpulver
1/4	TL	Salz
2	EL	Wasser

DHANIYA TAMATAR CHANTI
Koriander-und Tomaten-Chutney

Zutaten

1		Bund frische Korianderblätter, gehackt
2		Tomaten, geschält und geschnitten
1		grüne Peperoni, gehackt
1	Msp	Zucker
1/8	TL	Salz

KHAJOOR KI CHATNI
Dattel-Karotten-Koriander-Chutney

Zutaten

100	g	Karotten, geschält, in Stücke geschnitten
10		Datteln, entkernt
1		Bund frische Korianderblätter, zerkleinert
1/2	TL	Tamarindenpaste, siehe Seite 9
1		grüne Peperoni
1/4	TL	Salz
100	ml	Wasser

NARIYAL CHATNI
Kokosnuß-Chutney

Zutaten

100	g	frische Kokosnuß, geschält, klein geschnitten
1/2	TL	indisches Kümmelpulver
2		grüne Peperoni
3	EL	Joghurt, 3,5% Fett
5	cm	frischer Ingwer, geputzt und klein geschnitten
		Saft von einer 1/2 Zitrone
1	TL	Zucker
1/2	TL	Salz
2-4	EL	Wasser
1		Bund frische Korianderblätter, zerkleinert
1		Bund frische Minze, zerkleinert

Zubereitung der Chutneys

Die jeweiligen Zutaten im Mixaufsatz der Küchenmaschine oder im Mixer zerkleinern, bis ein glattes Püree entstanden ist. Für eine Stunde in den Kühlschrank stellen. Kalt servieren.

GAJAR KI CHATNI
Karotten-Chutney

Zutaten

2	EL	Pflanzenöl
1/2	TL	schwarze Senfkörner
1	Msp	Asafoetida, siehe Seite 6
2		grüne Peperoni, fein gehackt
1/4	TL	Kurkumapulver
250	g	Karotten, geschält und fein gerieben
1/2	TL	Salz
4-5	EL	Kokosraspel

Zubereitung

In einer Pfanne Öl heiß werden lassen. Die Senfkörner dazugeben. Wenn sie knistern und zu platzen beginnen, *Asafoetida* und Peperoni hinzufügen, einige Sekunden rühren und dann das Kurkumapulver hineingeben.

Danach Karotten und Salz zugeben und weiterrösten, bis die Karotten ihre Feuchtigkeit verloren haben und knusprig werden.

Kokosraspel darüberstreuen und kurz weiter braten. In eine Schüssel umfüllen und abgekühlt servieren.

NIMBU KA AACHAR
Limetten-Pickles

Zutaten

12		Limetten
275	ml	Öl
1	EL	Fenugreeksamen, siehe Seite 6
1	TL	Fenchelsamen
1	TL	Asafoetidapulver, siehe Seite 6
60	g	schwarze Senfkörner, zerstoßen
1	EL	Kurkumapulver
2	EL	Chilipulver
60	g	Salz

Zubereitung

Die Limetten gründlich waschen und abtrocknen. Die Früchte vierteln und die Stücke nochmals quer durchschneiden.

Das Öl in einem Topf heiß werden lassen. *Fenugreek*, Fenchel, *Asafoetida*, Senf, Kurkuma, Chilipulver und Salz in der genannten Reihenfolge einrühren. Den Topf vom Herd nehmen und abkühlen lassen. Beim Anrösten der Gewürze den Dunstabzug auf Maximalstufe stellen.

Die Limetten in große Schraubdeckelgläser schichten und mit der Öl-Gewürzmischung übergießen. Mit einem Holzlöffel die Limetten nach unten drücken, damit sie ganz vom Öl bedeckt werden. Das Glas verschließen. Nach 3 bis 4 Wochen Reifezeit können die Pickles verwendet werden.

GAJAR KA AACHAR
Karotten-Pickles

Zutaten

500	g	Karotten
2	TL	indischer Kümmel, gemahlen
3	TL	schwarze Senfkörner, zerstoßen
1	TL	Kurkumapulver
2	TL	Chilipulver
1/2	TL	Fenugreeksamen
1 1/2	EL	Ingwerpulver
2 1/2	EL	Zucker
1	TL	Salz
8	EL	Öl
1/8	l	Essig

Zubereitung

Die Karotten waschen, schälen, der Länge nach in Viertel teilen und in ein Zentimeter breite Stücke schneiden.

Alle Gewürze in einem Schälchen vermischen.

Das Öl in einem Topf heiß werden lassen. Die Gewürzmischung zugeben und kurz anbraten. Die Karotten hinzufügen und so lange rühren, bis sie mit den Gewürzen überzogen sind. Essig zugießen und nochmals umrühren. Auf kleiner Hitze, ohne Deckel, 10-15 Minuten simmern lassen. Die Karotten sollen noch Biß haben. Vom Herd nehmen und abkühlen lassen.

Die erkalteten Pickles in Gläser füllen und luftdicht verschließen.

Farbenfrohe Chutneys,
vorne beginnend, im Uhrzeigersinn:
Cashew-Koriander-Chutney, Seite 59,
Dattel-Karotten-Chutney, Seite 59,
Apfel-Chutney, Seite 59,
Karotten-Chutney, Seite 60,
Tomaten-Koriander-Chutney, Seite 59,
Kokosnuß-Chutney, Seite 59.

◀

GETRÄNKE

Die traditionellen Getränke der Inder zu den Mahlzeiten sind Wasser oder *Lassi*. Mit Tee oder Kaffee wird das Essen beendet. Die Mangogetränke sind eine kühle Erfrischung im Sommer.

Für die Zubereitung der indischen Tees empfiehlt es sich, einen kräftigen, stark fermentierten Tee zu nehmen, damit er in Verbindung mit der Milch eine schöne braune Farbe bekommt.

"Teestube" am Straßenrand in Nordindien

CHAI
Tee
Zutaten für 4 Tassen

ELAICHI CHAI
Tee mit Kardamom

3/4	l	Wasser
5	TL	Assam Tee
1/2	TL	Kardamompulver
1/4	l	frische Milch

ADRAK CHAI
Tee mit Ingwer

3/4	l	Wasser
5	TL	Assam Tee
1	TL	frischer Ingwer, geputzt und gerieben
1/4	l	frische Milch

DALCHINI CHAI
Tee mit Zimt

3/4	l	Wasser
5	TL	Assam Tee
1	Msp	Zimtpulver
1/4	l	frische Milch

Zubereitung

Wasser in einem Topf zum Kochen bringen. Vom Herd nehmen. Tee und Gewürz dazugeben, umrühren und zugedeckt 2-3 Minuten ziehen lassen.

Danach die Milch zugießen und nochmals auf dem Herd aufwallen lassen. Durch ein Sieb in eine Teekanne gießen und gleich servieren. Süßen nach Belieben.

Teepflückerin in den Nilgiri Hills, Südindien

KAFI
Indischer Kaffee

Zutaten für 4 Tassen

1/2	l	Milch
1/2	l	Wasser
6	TL	Kaffeepulver, fein gemahlen
4	TL	Zucker
1/4	TL	Muskatpulver
1/4	TL	Kardamompulver
1	Msp	Safranpulver

Zubereitung

Die Milch und das Wasser in einem Topf zum Kochen bringen.

Kaffeepulver zugeben und nochmals aufkochen. Zucker und die Gewürze zufügen und leise 5 Minuten köcheln lassen.

Abseihen und heiß servieren.

MASALA DOODH
Milch mit Kardamom und Mandeln

Zutaten für 4 Tassen

1	l	frische Milch
1/8	TL	Safranpulver
1/4	TL	Kardamompulver
1/4	TL	Muskatpulver
4	TL	Zucker
2	EL	Pistazien, fein gehackt
2	EL	Mandeln, geschält, gestiftelt

Zubereitung

Die Milch in einen Topf zum Kochen bringen. Vom Herd nehmen, Safran, Kardamom, Muskatpulver und Zucker einrühren und 1-2 Minuten stehen lassen.

Auf 4 Tassen verteilen, mit Pistazien und Mandeln garnieren, heiß servieren.

THANDAI
Kalte Getränke

PANHE
Mango-Getränk

Zutaten für 4 Gläser

4		grüne Mangos (kleine unreife Mangos)
1/8	TL	Safranpulver
1	l	Eiswasser
4	EL	Zucker
1/4	TL	Kardamompulver

Zubereitung

Die Mangos ca. 20 Minuten kochen, bis das Fruchtfleisch unter der Schale weich ist.

In kaltem Wasser abschrecken, die Mangos aufschneiden und mit einem Löffel das Fruchtfleisch in ein Schälchen sammeln. Kern und Schale weggeben.

Safranpulver in eine kleine Tasse geben, einen Eßlöffel warmes Wasser darübergießen und 10 Minuten einweichen.

In einem Krug das Mangopüree mit dem Wasser verrühren. Zucker, Kardamompulver und Safran - samt dem Einweichwasser - zufügen und umrühren. Mit gestoßenem Eis servieren.

NAMKEEN LASSIE
Salziges Joghurt-Getränk

Zutaten für 4 Personen

300	ml	Joghurt
1/2		grüne Peperoni
1	TL	indischer Kümmel
3/4	TL	Salz
3	EL	frische Korianderblätter, fein gehackt
700	ml	Wasser

MITTHI LASSIE
Süßes Joghurt-Getränk

Zutaten für 4 Personen

300	ml	Joghurt, 3,5% Fett
1/2	TL	Kardamompulver
4	EL	Zucker
700	ml	Wasser

MANGO SHAKE
Mango-Milch

Zutaten für 4 Personen

200	g	Mangofruchtfleisch
500	ml	frische Milch
2	EL	Zucker

Zubereitung

Die jeweiligen Zutaten im Mixaufsatz der Küchenmaschine ca. eine Minute mixen. Für eine Stunde in den Kühlschrank stellen. In hohen Gläsern mit Eiswürfeln servieren.

MENÜVORSCHLÄGE

Wenn Sie ein größeres Essen für Ihre Gäste planen, lohnt es sich etwas vorzuarbeiten. Sie können so die Hast der letzten Minuten vermeiden.

Viele Süßspeisen lassen sich ein oder zwei Tage vorher zubereiten. *Dals* können schon ein paar Stunden vorher gekocht werden, ihnen schadet ein Aufwärmen nicht. Gemüse kann auch etwas früher geputzt und geschnitten werden. So haben Sie mehr Zeit, die Dinge zuzubereiten, die frisch auf den Tisch kommen müssen, wie Reis und *Rotis.*

Wenn Sie vor der Zubereitung alle benötigten Zutaten und Gewürze vorbereiten, z. B. alle für ein Gericht erforderlichen Gewürzmengen häufchenweise auf einem Teller anordnen, haben Sie beim Kochen keine Schwierigkeiten, dem Rezept zu folgen.

Im Folgenden haben wir versucht, Ihnen für jeden Anlass einen passenden Menüvorschlag zu geben.

IMBISS

1. Vorschlag
Erbsen-Patties, S. 15

Cashew-Koriander-Chutney, S. 59

Joghurt

2. Vorschlag
Kartoffelbällchen, S. 14

Kokosnuß-Chutney, S. 59

Salziges Joghurt-Getränk, S. 64

KLEINES GERICHT

1. Vorschlag
Kartoffel-Auberginen-Gemüse, S. 19

Einfacher Reis, S. 42

Joghurtsoße, S. 42

Papads, S. 58

2. Vorschlag
Erbsen mit Tandoori Masala, S. 25

Fritiertes Brot, S. 45

Tomaten-Erdnußsalat, S. 50

Quarkspeise, S. 52

MENÜ 1

Tomatensuppe, S. 13

Weißkohl mit Kartoffeln u. Erbsen, S. 28
Kichererbsen-Curry, S. 35
Gewürzreis, S. 39
Karottensalat mit Erdnüssen, S. 48
Fritiertes Brot, S. 45
Papads / Pickles, S. 58/61

Obstsalat mit Cashewnüssen, S. 56
Kokosnuß-und-Mandel-Konfekt, S. 63
Tee oder Kaffee

MENÜ 3

Dill-und-Zucchini-Fritters, S. 17
Kokosnuß-Chutney, S. 59

Blumenkohlgemüse, S. 24
Rote-Kidney-Bohnen-Curry, S. 31
Zitronen-Safranreis, S. 41
Gebackenes-Brot, S. 44
Joghurt mit Gemüse, S. 49
Süßes Joghurt-Getränk, S. 64

Indische Nudeln mit Milch, S. 52

MENÜ 2

Maissuppe, S. 13

Baby Okras, S. 22
Gelbe-Linsen-Curry, S. 34
Bunter Reis mit Karotten,
Erbsen und Kartoffeln, S. 37
Gebratenes Brot, S. 46
Tomaten-Erdnußsalat, S. 50
Papads / Pickles, S. 58/61

Eis mit Kardamom und Muskat, S. 57

MENÜ 4

Kartoffelbällchen, S. 14
Dattel-Karotten-
Koriander-Chutney, S. 59

Spinat mit Kartoffeln und Erbsen, S. 23
Kichererbsen mit Zucchini, S. 30
Gebratenes Brot, S. 46
Navratan Reis, S. 40
Tomaten-Bananen-Salat, S. 50
Papads / Pickles, S. 58/61

REZEPTVERZEICHNIS

REZEPTEVERZEICHNIS
HINDI - DEUTSCH

ES MUSS NICHT IMMER FLEISCH SEIN

Marlis Weber
**Vollwertküche –
leichter Einstieg**
Köstliche Rezepte und Basiswissen zur Vollwertküche.
Einkaufshilfen, Gerätetips.
192 S., 16 Farbtafeln.

Marlis Weber
Mit Vollkorn kochen
Neuausgabe mit rund 200 köstlichen
Rezepten für Weizen, Roggen,
Hafer, Gerste, Mais, Buchweizen
und Reis.
191 Seiten, 16 Farbtafeln.

Marlis Weber
Vollwertküche für 1 Person
Rund 200 Rezepte für kleine
Küchen mit Tips für Resteverar-
wertung und Vorratshaltung –
alles in Minimengen mit
Kal./Joule-Angaben.
190 Seiten, 16 Farbtafeln.

Hermine Gronau
**Keime & Sprossen –
einfach köstlich**
Alles über das Ziehen von Kei-
men, Sprossen und Grünkräutern,
Geräte, Samen-Steckbrief, Keimta-
belle, viele Vollwertrezepte.
79 Seiten, durchgängig farbig.

H. Burggrabe / H. Gronau
Vollkorn, Schrot & Mühlen
Alles Wissenswerte über die Ge-
treideverarbeitung im Haushalt,
Qualitäten, Mehlarten, Mühlen,
Mahlsysteme, Grundrezepte.
168 Seiten, 4 Farbtafeln.

E. u. T. Dopp
Gesund speisen auf Reisen
Vollwertige und vegetarische Re-
staurants in Deutschland,
Österreich und der Schweiz, von
unabhängigen Prüfern ausgewählt.
220 Seiten.

Hädecke Verlag

Postfach 1203
Telefon 07033 / 2264
7252 Weil der Stadt

Vegetarische Kochbücher,
unbeschwerte Genüsse,
kompetente Fachautoren

FITNESSKÜCHE

H. Pflaum / M. Weber
Vollwertküche für Gourmets

Top-Rezepte ohne Fleisch, Menüs für jede Jahreszeit. Das Kochbuch für Anspruchsvolle.
207 S. mit 60 Farbtafeln.

Christina Kleiner-Röhr
Gesunde Genüsse - schnell und fein

Die leichte Küche mit viel Frischkost und Gemüse, wenig Fisch und Fleisch, ohne Zucker u. Weißmehl.
Über 100 Rezepte, 152 S., 32 Farbt.

Christina Kleiner-Röhr
Vollwertkonfekt

aus Nüssen, Mandeln, Früchten, Honig: Pralinen, Marzipan, Sommerkonfekt, Petit Fours.
85 Seiten, 8 Farbtafeln.

Michael Hamm / Marlis Weber
Sporternährung praxisnah

Know-how und Erfolgsrezepte für mehr Leistung. Ernährungspläne, Tabellen und Tips für Kraft- und Ausdauersportler. 135 S., 15 Farbt.

Marlis Weber / Isabel Wilden
Lexikon der gesunden Ernährung

Basiswissen zur Gesundheitsküche von A bis Z mit Grundrezepten, Tabellen und vielen Farbbildern.
Ca. 160 Seiten, ca. 100 Fotos.

Karl Rudolf
50 Mixdrinks ohne Alkohol
Fitnessdrinks

2mal farbenfrohes Mixvergnügen. Jedes Getränk mit farbiger Abbildung. Jeder Band 63 S. mit über 50 Farbfotos.

Lisa Mar
Gesund mit Reis

Entgiftungskuren mit köstlichen Reisgerichten. 83 Rezepte mit genauen Nährwertberechnungen.
80 Seiten.

Hädecke Verlag

Postfach 1203
Telefon 07033 / 2264
7252 Weil der Stadt